Der

schwedisch-mecklenburgische Pfandvertrag

über

Stadt und Herrschaft Wismar.

Der schwedisch-mecklenburgische Pfandvertrag

über

Stadt und Herrschaft Wismar.

Von

Dr. jur. Bruno Schmidt,
Privatdocenten an der Universität Heidelberg.

Leipzig,
Verlag von Duncker & Humblot.
1901.

Alle Rechte vorbehalten.

Vorwort.

Es sind nur wenige Bemerkungen, die ich an dieser Stelle zu machen habe. Die vorliegende Arbeit ist entstanden aus einem Vortrag, der von mir am 28. Mai 1900 im historisch-philosophischen Verein zu Heidelberg gehalten wurde. Beide sind mit einander durchaus nicht identisch; vielmehr unterscheidet sich die erstere schon rein äuſserlich, durch ihren drei- bis vierfach gröſseren Umfang, sehr wesentlich von letzterem. Diese Erweiterung ist aber nicht etwa das Resultat einer vollständigen Umarbeitung des ursprünglichen Textes, sondern derselbe wurde im allgemeinen unverändert beibehalten und bloſs durch zahlreiche Einschiebungen und nähere Ausführungen ergänzt. Hieraus erklärt es sich, daſs in Bezug auf Anlage und Gruppierung des Gesamtstoffes, Ausdrucksform u. dergl. manches vielleicht etwas anders, mehr für die Bedürfnisse des mündlichen Vortrags berechnet, ausgefallen sein mag, wie es bei einer von vornherein für den Druck bestimmten Arbeit wohl geschehen wäre.

Soviel über die formelle Seite der Abhandlung. In sachlicher Hinsicht möchte ich noch hervorheben, daſs ich bemüht gewesen bin, mich streng auf Erörterung der gegebenen Einzelfrage zu beschränken. Zwar bot sich oft genug und an den verschiedensten Stellen auch Gelegenheit zu Ausführungen allgemeinerer Art; principiell sind aber diese möglichst vermieden oder doch auf kurze Andeutungen reduciert worden. Auch glaube ich nicht, daſs für solche (wenigstens soweit die nächsten Zwecke der Abhandlung in Frage kommen) irgendwo ein wirkliches Bedürfnis vorlag, freilich mit einer, gerade sehr wichtigen Ausnahme. Nachdem im Verlauf der Arbeit gezeigt worden ist, dafs die Ansprüche Schwedens auf Wismar rein rechtlich gefafst noch immer in Gültigkeit stehen, versuche ich am Ende der Schrift darzuthun, dafs von einem anderen, der streng juristischen Betrachtungsweise transcendenten Standpunkt aus trotzdem eine Verweigerung der Retrocession materiell sich rechtfertigen läfst. Dieser Gedanke hätte entschieden einer eingehenderen Behandlung bedurft, als er sie S. 74 ff. wirklich gefunden hat. In der That war es ursprünglich meine Absicht, den richtigen Kern der vielumstrittenen clausula rebus sic stantibus (denn diese ist es ja, die hier in Betracht kommt) generell, nicht blofs für den vorliegenden Specialfall klar zu legen. Es stellte sich aber bald heraus, dafs das wahrhaft fruchtbringend nur in verhältnismäfsig ausführlich angelegten Erörterungen geschehen konnte. Um nun nicht die Behandlung der konkreten Einzelfrage allzusehr durch abstrakte Untersuchungen aus einander zu reifsen, habe ich mich entschlossen, auf die letzteren in der Arbeit selbst ganz zu verzichten, dergestalt, dafs hier vor, läufig blofs die notwendigsten Andeutungen gegeben sind und im übrigen auf die separat zu veröffentlichende Studie über die clausula rebus sic stantibus verwiesen werden muss.

Zum Schlusse liegt mir nur noch ob, Herrn Professor Dr. Kahle in Heidelberg für seine freundliche Unterstützung bei Benutzung der schwedischen Quellen auch an dieser Stelle meinen verbindlichsten Dank auszusprechen.

Leipzig, Weihnachten 1900.

Dr. **B. Schmidt**.

Einleitung.

Es sind jetzt wenige Monate her, da erregte ein Antrag, der in der zweiten Kammer des schwedischen Reichstags gestellt wurde, in Deutschland ein gewisses Aufsehen und gab hier den Anlaſs zu recht lebhaft und eingehend geführten Zeitungserörterungen, bei denen freilich der innere Wert und die sachliche Begründung der geäuſserten Ansichten in einem bedauerlichen Miſsverhältnis zur Massenhaftigkeit der verbrauchten Druckerschwärze standen. Bald nach Beginn des Jahres 1900 schlug nämlich der Abgeordnete Hedin vor, Schweden möge ein altes, ihm jenseits der Ostsee noch zustehendes Territorialanrecht in eigentümlicher Weise zu Gunsten Dänemarks zu verwerten suchen; es solle sich dem Deutschen Reiche gegenüber bereit erklären, sämtliche Ansprüche auf Stadt und Herrschaft Wismar fallen zu lassen, vorausgesetzt, daſs dafür endlich die längst geschuldete Rückgabe der nordschleswigschen Distrikte an Dänemark vollzogen würde. Das Ganze war eine merkwürdig unpraktische und doktrinäre Idee, die allerdings bei der Person des Antragstellers nicht weiter wunder nehmen durfte; ist doch der der radikal-demokratischen Partei angehörende Abgeordnete Hedin in Schweden überhaupt dafür bekannt, daſs sich seine politischen Ansichten weit mehr durch Originalität als durch Richtigkeit auszuzeichnen pflegen. Derselbe Doktrinarismus nun, der ihn namentlich in der schwedisch-norwegischen Unionsfrage eine ziemlich merkwürdige Haltung hat einnehmen lassen, tritt auch in der Einbringung jenes Antrages deutlich zu Tage.

In erster Linie konnte es schon mehr wie zweifelhaft erscheinen, ob für Schweden selbst, rein politisch genommen, das vorgeschlagene Verfahren gerade sehr vorteilhaft und ratsam sein würde. Kein Staat der Welt liebt es, sich von einer fremden Macht in Angelegenheiten, an denen sie nicht direkt beteiligt ist, irgendwie dreinreden zu lassen; bei dem eifersüchtigen Stolze, mit dem heutzutage die Nationen über ihrer vollen Unabhängigkeit zu wachen gewohnt sind, müssen solche Versuche nicht blofs von vornherein auf strikte Zurückweisung gefafst sein, sondern auch für die Zukunft notwendig eine starke Verstimmung hinterlassen, die sich früher oder später einmal recht unangenehm fühlbar machen kann. Und wenn dies schon im allgemeinen unleugbar eintritt, so gilt es naturgemäfs in noch wesentlich erhöhtem Mafse dort, wo die Einmischung einen versteckten Tadel des bisherigen Verhaltens, die rechtliche Mifsbilligung eines bestimmten Thuns oder Lassens involviert. Nun trifft aber gerade in unserem Falle das alles zweifellos zu. Schweden vermöchte nicht den geringsten Rechtstitel anzuführen, der es zu einer Intervention in der nordschleswigschen Sache und zu der hierin unverkennbar liegenden Kritisierung der deutschen Handlungsweise legitimierte; es würde also durch sein Vorgehen ganz sicherlich die freundlichen Beziehungen zu seinem südlichen Nachbar aufs schwerste gefährden, ein Resultat, welches politisch um so bedenklicher wäre, weil hier ja das Verhältnis eines kleinen und schwächeren Staates zu einer europäischen Grofsmacht in Frage kommt.

Fernerhin müfste die praktische Durchführung des Antrags Hedin schwedischerseits auch eine Selbstentäufserung und Entsagungsfähigkeit voraussetzen, wie sie erfahrungsmäfsig im internationalen Verkehr von Staaten gegen einander nicht eben geübt zu werden pflegt. Geben wir einmal sämtliche Prämissen zu, von denen Hedin bei seinem

Antrage ausgeht, so erhalten wir offenbar diesen Gedankengang: „Deutschland-Preufsen ist schon lange Zeit juristisch verpflichtet, unter gewissen Bedingungen Nordschleswig an Dänemark herauszugeben, weigert sich jedoch leider beharrlich, seiner Verbindlichkeit nachzukommen. Nun ist aber zum Glück ein dritter Staat, nämlich Schweden, in der Lage, auf den säumigen Schuldner insofern einen Druck auszuüben, als es seinerseits ein verbrieftes Anrecht auf ein anderes, wohl noch weit wertvolleres[1] Stück des deutschen Territorialbestandes hat. Diesen seinen Anspruch mag es jetzt unter der Bedingung einer vorherigen Cession Nordschleswigs an Dänemark fallen lassen und damit das Deutsche Reich endlich aus eigensüchtigen Motiven zu einer Handlung bewegen, die die Achtung vor der Heiligkeit der Verträge bedauerlicherweise nicht hat veranlassen können." Kurz gesagt und in einer allgemeinen Formel ausgedrückt, verlangt also Hedin einfach folgendes: Weil von zwei mit einander in einem Rechtsverhältnis stehenden Staaten der Schuldner A sich weigert, seine Verpflichtung gegen den Gläubiger B zu erfüllen, soll der ganz unbeteiligte Staat C entschädigungslos und ohne jedes Entgelt seinerseits einen noch wichtigeren Anspruch aufopfern, blofs um jenem zur Befriedigung zu verhelfen. Das heifst aber doch wirklich den Staaten, in deren gegenseitigen Beziehungen notorisch zu allen Zeiten der schärfste Egoismus geherrscht hat, einen edelmütigen Altruismus zumuten, dessen sie ihrer ganzen Anlage nach wohl schwerlich je fähig sind[2] und, möchte ich hinzufügen, im Interesse ihrer ersten und vornehmsten Pflicht, der möglichsten Fürsorge für die eigenen Bürger, gar nicht fähig sein dürfen[3]. Wer es in schwärmerischer

---

[1] Vergl. hierzu S. 67 f.
[2] In prägnanter Anschaulichkeit gelangt diese Beobachtung zum Ausdruck in einer Bemerkung, die Bismarck gelegentlich vor dem deutschen Reichstag gemacht hat: „Das ist noch gar nicht dagewesen, dafs sich das eine Volk aus Liebe für das andere irgendwie aufopfert."
[3] Man kann getrost behaupten, dafs die schwedische Regierung gegen die letztere Pflicht direkt verstofsen würde, wollte sie auf den

Begeisterung für erreichbar erklärt, dafs die Staaten später einmal in einem ewigen, von keinem Krieg unterbrochenen Friedenszustande neben einander existieren werden, der mag allerdings auch mit innerer Genugthuung von einer noch höheren und sittlicheren Kulturstufe träumen, auf der sie sich nicht blofs gegenseitig nicht mehr schädigen, sondern in reinster Selbstlosigkeit auf Kosten der eigenen Interessen positiv fördern und unterstützen; wer aber, aus kühlempirischer Betrachtung der gegebenen Realzustände die einzig richtigen Konsequenzen ziehend, schon das erste, selbst in der fernsten Zukunft, für überaus unwahrscheinlich, um nicht zu sagen einfach unmöglich hält, der wird naturgemäfs in Projekten, wie der Antrag Hedin eines ist, nur eine höchst unpraktische Donquixoterie erblicken können.

Wenn die rein doktrinäre, dem wirklichen Staatsleben durchaus abgewandte Tendenz desselben schon in den

---

Antrag Hedin vollinhaltlich eingehen. Damit ist durchaus nicht gesagt, dafs sie zum Besten ihrer Unterthanen den Eigenerwerb von Wismar anstreben müfste; im Gegenteil werden wir später sehen, dafs diese Stadt für Schweden selbst einen Gewinn von äufserst fraglichem Werte bedeuten würde. Wohl aber könnte die Regierung vielleicht daran denken, aus ihrem Rechtsanspruch in anderer Weise Nutzen für sich und ihre Angehörigen zu ziehen, etwa ihn gegen eine möglichst hohe Geldsumme, die natürlich den inländischen Steuerzahlern zu gute käme, einer dritten Macht zu überlassen. Nun liegt ja freilich unter den gegebenen Verhältnissen die Sache zweifellos so, dafs auch auf diese Weise ein praktischgreifbarer Vorteil sicher nicht zu erzielen ist (denn dieselben Gründe, die nach den im 4. Abschnitt zu gebenden Ausführungen für Deutschland die Herausgabe Wismars an Schweden geradezu zur Unmöglichkeit machen, gelten natürlich auch jedem dritten Staate gegenüber); es wird mithin wohl als einziger Ausweg blofs noch der übrig bleiben, den die schwedische Regierung anscheinend (vergl. nachher S. 34) wirklich einzuschlagen gedenkt, das ist der freiwillige und bedingungslose Verzicht zu Gunsten Deutschlands. Auch das heifst, trotzdem dabei jede unmittelbare Vergütung für das aufgegebene fehlt, wegen der Stärkung des freundschaftlichen Verhältnisses zu letzterem eine wahre, die eigenen Interessen verständnisvoll pflegende Realpolitik treiben; sobald dagegen der Verzicht auf Wismar nur um Dänemarks willen befürwortet wird, d. h. lediglich zum Vorteil eines fremden Staates, von dem Schweden in der Gegenwart weder etwas zu hoffen noch zu fürchten hat, und von dem es in der Vergangenheit durch eine Geschichte jahrhundertelanger Kämpfe und Nebenbuhlerschaft getrennt ist, liegt eine schlechthin verwerfliche, die Interessen und Güter des eigenen Vaterlandes nutzlos verschleudernde Gefühlspolitik vor.

beiden bisher behandelten Beziehungen aufs deutlichste hervortritt, so ist das in fast noch höherem Maſse der Fall aus einem dritten (specifisch rechtlichen) Gesichtspunkt heraus. Bei seinem Gedankengange läſst nämlich Hedin völlig auſser Betracht, daſs von den beiden Ansprüchen, die er gegen einander ausspielen und eigentümlich kompensieren will, der eine, die dänische Forderung Nordschleswigs, in seiner Rechtsgültigkeit gänzlich bestritten ist und folglich in keiner Weise als brauchbares Tauschobjekt in Frage kommen kann. Der juristische Thatbestand, um den es sich hier handelt, ist bekanntlich kurz zusammengefaſst folgender. Nachdem der ursprüngliche Inhaber Gesamtschleswigs, der König von Dänemark, im Wiener Vertrag vom 30. Oktober 1864 das Herzogtum an den Kaiser von Österreich und den König von Preuſsen zum gemeinsamen, ungeteilten Besitze abgetreten hatte, war zwei Jahre danach durch Art. 5 des wieder unter letzteren abgeschlossenen Prager Friedens (vom 23. August 1866) verfügt worden, daſs jener zu Gunsten dieses auf seine Kondominatsrechte vollständig verzichtete. Dem genannten Artikel war jedoch auf Betreiben Napoleons III. eine Klausel des Inhalts angehängt worden, daſs die nördlichen Distrikte Schleswigs an Dänemark zurückzuerstatten seien, falls ihre Bevölkerung in freier Abstimmung sich für die Wiedervereinigung mit diesem entscheiden sollte [1]. Die hieraus resultierende be-

---

[1] Im übrigen war weder über den räumlichen Umfang des event. abzutretenden Gebiets noch über den Zeitpunkt, an welchem die Volksabstimmung stattzufinden hätte, etwas Näheres vereinbart; es wurde also hier von Anfang an ziemlich viel von dem Ermessen und guten Willen des Verpflichteten abhängig gemacht, weit mehr jedenfalls, als es beispielsweise bei den ganz analogen Ansprüchen der Fall ist, die Peru kraft des Friedens zu Lima vom 20. Oktober 1883 gegen Chile zustehen (nach Art. 3 desselben sollte ersteres ganz Tacna und Arica zurückerhalten, wenn in einer nach 10 Jahren zu veranstaltenden Abstimmung, en votacion popular, die Mehrheit der Einwohner dies verlangen würde. Cf. Martens, Recueil des principaux traités etc. II 10 S. 191 ff.). Nebenbei gesagt haben diese Ansprüche trotz aller Präcision und Bestimmtheit bisher ebensowenig sich praktisch realisieren lassen wie die vage Schluſsklausel zu Art. 5 des Prager Vertrags.

dingte Cessionspflicht Preufsens hat dann 12 Jahre lang in unbezweifelter Rechtsgültigkeit bestanden, bis zu einem neuen, zwischen den Kontrahenten des Prager Friedens am 11. Oktober 1878 vereinbarten Traktate[1], in welchem die letzteren die fernere Gültigkeit jener Zusatzbestimmung unter sich aufhoben.

Nun hat allerdings Dänemark es von jeher in Abrede gestellt, dafs durch diesen 78er Vertrag die Schlufsklausel des Art. 5 vollständig und nach allen Richtungen hin aus der Welt geschafft sei; es hat vielmehr stets behauptet, dafs er ihm selbst gegenüber keine Kraft habe entfalten können. Man wird in der That zugeben müssen, dafs über die Rechtsfrage eine verschiedene Auffassung wenigstens möglich ist. Jene Anordnung des Prager Friedens war juristisch offenbar als ein sog. Vertrag zu Gunsten eines Dritten anzusehen und zu konstruieren[2]: Österreich liefs sich von Preufsen eine später vorzunehmende Territorialabtretung zusagen, deren wirkliche Ausführung aber nicht dem Versprechensempfänger selbst, sondern einem anderen, unbeteiligten Staate zu gute kommen sollte. Indem dann der Promissar nachmals die Gegenseite von der übernommenen Verpflichtung wieder entbunden hat, hat er dadurch allerdings ganz sicher das bis dahin besessene eigene Recht verloren, auf Verwirklichung der Cession von sich aus dringen zu dürfen; es mag aber immerhin als zweifelhaft erscheinen, ob er für sich allein, ohne Zustimmung Dänemarks, zu einem unbedingt, auch für letzteres wirksamen Verzicht befugt und im stande war[3].

---

[1] Abgedruckt bei Martens a. a. O. II, 3, S. 529 f.
[2] Übereinstimmend Unger, Verträge zu Gunsten Dritter S. 60 Anm. 77.
[3] Zur rechtlichen Entscheidung dieser Frage würde zunächst die Feststellung erforderlich sein, ob nach der ursprünglichen Intention der Parteien Dänemark thatsächlich einen entsprechend selbständigen und unabhängigen Territorialanspruch erwerben sollte. Es kann das von vornherein kaum als wahrscheinlich gelten (vergl. hierzu Heilborn, System des Völkerrechts S. 67/8); haben doch der Kaiser von Österreich und der König von Preufsen in Art. 3 des Wiener Friedens von 1864 den däni-

Kann mit Rücksicht hierauf der dänischerseits eingenommene Standpunkt nicht von vornherein als durchaus haltlos und eo ipso unmöglich gelten, so steht es doch

---

schen König ausdrücklich verpflichtet, einfach anzuerkennen „les dispositions que Leurs dites Majestés prendront à l'égard de ces Duchés", und damit aufs deutlichste gezeigt, daſs sie alle ferneren Verfügungen über Schleswig (sowie Holstein und Lauenburg) streng unter sich treffen wollten, ohne jenen noch irgendwie zu koordinierter Mitwirkung heranzuziehen (zu beachten auch verschiedene amtliche und halbamtliche Kundgebungen der preuſsischen Regierung; cf. Hahn, Zwei Jahre preuſsisch-deutscher Politik, S. 520 u. 593 ff.).

Fernerhin aber, selbst angenommen, daſs wirklich ein selbständiges Recht gewährt, ein Vertrag zu Gunsten eines Dritten im engeren und eigentlichen Sinne (vergl. Windscheid, Pandekten 5. Aufl., II, S. 211, Note 3a) geschlossen werden sollte, so bliebe immer noch zu untersuchen, ob, resp. wann Dänemark den ihm zugedachten Anspruch auch gültig erworben hat. In dieser Beziehung steht die völkerrechtliche Lehre nicht im Einklang mit zahlreichen innerstaatlichen Rechtsordnungen, namentlich auch nicht mit dem, was früher die Wissenschaft des gemeinen Rechts über die Wirksamkeit eines pactum in favorem tertii zu sagen pflegte. In letzterer ging allerdings die überwiegende (aber auch nicht unbestrittene) Meinung dahin, daſs der tertius unmittelbar und von selbst, ohne irgendwelche Aktion seinerseits, aus dem Vertrage einen eigenen Anspruch erhielte; dagegen neigt die Litteratur des internationalen Rechts, soweit sie sich mit der Frage überhaupt beschäftigt, durchgängig mehr dahin (vergl. z. B. Heffter-Geffcken, Europäisches Völkerrecht, 8. Aufl. S. 186/7), daſs von seiten des Dritten noch ein besonderer Anschluſs an den ursprünglichen Vertrag erforderlich sei. Mit Rücksicht auf die ganz eigentümliche Struktur des Völkerrechts wird man auch thatsächlich diese Auffassung als zutreffend anzusehen haben. Sobald das aber zugegeben wird, ist damit gleichzeitig auch entschieden, daſs Österreich 1878 durch seinen Verzicht die Schluſsbestimmung des Art. 5 schlechthin und restlos zu beseitigen vermochte, denn eine formelle Beitrittserklärung zu dem Prager Frieden hat Dänemark, soviel wenigstens bekannt geworden ist, niemals vollzogen.

Höchstens lieſse sich vielleicht noch daran denken, als Ersatz für den nicht vorhandenen ausdrücklichen Anschluſs einen stillschweigend erfolgten anzunehmen. Nach dieser Richtung wäre möglicherweise von Bedeutung, daſs Preuſsen die Verhandlungen, die zweimal, im Sommer 1867, sowie Winter 1867/8, über die südliche Grenze des event. abzutretenden Territoriums stattfanden, nicht mit Österreich, sondern mit Dänemark gepflogen hat. Da nämlich das letztere hierin offenbar eine eigene Mitwirkung bei der näheren Präcisierung der Cessionspflicht verlangte und erhielt, so könnte das dänischerseits wohl mit einer gewissen Berechtigung als stillschweigende Acceptation des durch Art. 5 dargebotenen Anspruches ausgelegt werden. Indes wären dabei wieder andere und zum Teil recht schwerwiegende Bedenken noch zu überwinden, so daſs man immer wieder auf die Ansicht zurückkommen muſs, das von Dänemark behauptete eigene Anrecht auf Nordschleswig sei zum allermindesten äuſserst zweifelhaft.

jedenfalls auf der anderen Seite mit voller Sicherheit fest, dafs er von Preufsen absolut nicht geteilt wird; vielmehr hat dieses nie einen Zweifel darüber gelassen, dafs es die Sache durch den Vertrag des Jahres 1878 als definitiv und gänzlich erledigt ansah. Unter diesen Umständen war es nun gewifs von dem Abgeordneten Hedin äufserst naiv, zu glauben, dafs es mit einem Male seine stets festgehaltene Ansicht aufgeben und plötzlich den bis dahin strikt negierten Nordschleswiger Anspruch wieder als existent anerkennen werde. Dabei durfte die an sich schon recht unwahrscheinliche Bereitwilligkeit hierzu noch um so weniger vorausgesetzt werden, als ja die für den eventuellen Territorialverlust in Aussicht gestellte Entschädigung, der schwedische Verzicht auf Wismar, nach Lage der Dinge gar nicht dem in Anspruch genommenen Preufsen, sondern einem anderen deutschen Gliedstaat, dem Grofsherzogtum Mecklenburg-Schwerin, zufallen sollte.

Aus alle dem Gesagten geht wohl mit vollster Deutlichkeit hervor, dafs die Art und Weise, wie Hedin die Wismarer Ansprüche Schwedens auszunützen und praktisch zur Geltung zu bringen suchte, eine durchaus verfehlte war. Mit vollstem Recht haben deutsche Zeitungen ihm entgegengehalten, dafs jede Verquickung derselben mit der nordschleswigschen Sache von vornherein indiskutabel sei. Das läfst nun aber, so richtig es ist, jedenfalls die ganz andere Frage völlig unberührt, welche Bedeutung ihnen zukommt, sobald sie rein an sich, losgelöst von jener unglücklichen Verkoppelung, ins Auge gefafst werden. Aus welcher Zeit stammen sie, und unter welchen näheren Umständen sind sie zur Entstehung gelangt? Dürfen sie noch heute als juristisch gültig angesehen werden? Müfste jetzt eine praktische Geltendmachung Schweden selbst nicht weit mehr Schaden wie Vorteil bringen? Kann Deutschland, auch ihre fortdauernde Rechtsbeständigkeit vorausgesetzt, unter den heutigen Zuständen sie überhaupt noch erfüllen, ohne mit höheren Pflichten der nationalen Selbsterhaltung in Konflikt zu kommen? Das etwa sind die Fragen, die sich in dieser Beziehung notwendig aufdrängen müssen. Sie sind sämtlich interessant genug, um ihnen eine kurze Besprechung zu widmen und so das ganze, in weiteren Kreisen immer noch wenig bekannte Verhältnis nach verschiedenen Gesichtspunkten, rechtlichen sowohl wie politischen, einer zusammenhängenden Erörterung zu unterziehen.

Erster Abschnitt.
Die juristische Grundlage des schwedischen Anspruchs auf Wismar.

Wir beginnen mit einer Darlegung der geschichtlichen Genesis des Wismarer Rechtsverhältnisses. Dasselbe geht zurück auf die Regierungszeit des schwedischen Königs Gustav IV. Adolf. Es war das ein Fürst, in welchem die so vielen Gliedern des Hauses Wasa eigentümliche Störrigkeit und unberechenbare Launenhaftigkeit zu einer ganz besonderen Höhe gesteigert erscheint. Diese seine schweren Charakterfehler, mit denen übrigens auf der anderen Seite auch manche liebenswürdige Eigenschaften gepaart waren, stehen nun auch mit dem uns hier interessierenden Falle in einem gewissen, allerdings mehr indirekt vermittelten Zusammenhang.

Ursprünglich mit einer mecklenburgischen Prinzessin (Tochter des damals regierenden Herzogs Friedrich Franz) versprochen, hatte König Gustav sich bald darauf mit einer russischen Grofsfürstin (Tochter des späteren Kaisers Paul) verlobt, dann aber die Heirat auch mit dieser nicht vollzogen, sondern statt dessen schliefslich eine dritte Prinzessin (Enkelin des ersten badischen Grofsherzogs Karl Friedrich) am 6. Oktober 1797 geehelicht. Man hätte nun vielleicht erwarten sollen, dafs gerade in Mecklenburg, in dem Vaterlande Fritz Reuters, der Mann „mit den drei Brautens" auf verständnisvolles Wohlwollen gestofsen wäre; das war aber in Wahrheit durchaus nicht der Fall, sondern er wurde hier wegen des grundlos gebrochenen Verlöbnisses auf gebührende Schadloshaltung in Anspruch genommen. Es fanden darüber zwischen dem König und dem Herzog von Mecklenburg langwierige Verhandlungen statt, die auch nach erfolgter Vereinbarung einer bestimmten Entschädigungssumme um deswillen nicht ihr Ende erreichten, weil der König zur baren Zahlung aufser stande war. Die Angelegenheit zog sich deshalb noch lange Zeit unerledigt hin; an die ursprünglich bestehenden finanziellen Beziehungen schlossen sich in allmählicher Entwickelung, die ich hier nicht weiter schildern kann, andere Transaktionen an, namentlich und zuletzt ein grofses Darlehnsgeschäft, welches 1803 zwischen beiden Fürsten abgeschlossen wurde, und das nun die juristische Grundlage für den hier zu erörternden schwedischen Anspruch auf Wismar bildet.

Diese Stadt hatte bis zum Westfälischen Frieden 1648 bereits unter mecklenburgischer Hoheit gestanden, war dann aber durch Art. X § 6 des Osnabrücker Vertrags samt zugehörigem Gebiet (letzteres aus den Ämtern Poel und Neukloster bestehend) als deutsches Reichslehen an Schweden überlassen worden. Durch den Vertrag zu Malmö[1] vom 26. Juni des genannten Jahres kam sie nun als unterpfändliche Sicherheit für eine grofse, dem Schwedenkönig von Mecklenburg leihweise vorgestreckte Summe unter die frühere Herrschaft zurück.

Über die näheren Bestimmungen dieses Traktats, durch welchen noch im 19. Jahrhundert eine deutsche Stadt nach allen Regeln der Kunst in Versatz gegeben wurde, sind in den zahlreichen Zeitungsartikeln, die sich mit der Frage beschäftigt haben, sehr viel falsche Angaben gemacht worden. So wurde z. B. in einer ganzen Reihe von Blättern

---

[1] Vollständiger Text desselben bei Martens, Recueil VIII S. 54 ff.

der Betrag, den sich Gustav von dem Mecklenburger Herzog hatte darleihen lassen, irrig auf 1258000 Reichsthaler Hamburger Banko beziffert, trotzdem er sich in Wahrheit genau auf 1¹/₄ Million belief[1]. Einen praktisch noch viel bedeutsameren Fehler liefs sich ferner ein weitverbreitetes Journal[2] mit Bezug auf die Art der Zinsberechnung zu Schulden kommen; es behauptete nämlich in einem Artikel, durch den es im Gefühl voller Sachkunde auch seinen Leserkreis etwas über die Wismarer Frage aufzuklären unternahm, der aber leider von Ungenauigkeiten geradezu wimmelte[3], dafs Schweden bei Rückzahlung des empfangenen Darlehns blofs einfache Zinsen mit zu entrichten hätte, während in Art. 4 des Malmöer Vertrags ausdrücklich 3% Zinseszins vorgesehen waren. An noch anderen Orten konnte man wieder unzutreffende Angaben über die zeitliche Begrenzung des schwedisch-mecklenburgischen Darlehnsverhältnisses, über den Tag seines endgültigen und definitiven Ablaufs lesen. Das, was in dieser Beziehung thatsächlich vereinbart war, bestand in der Festsetzung eines doppelten Schlufstermins. Der Herzog von Mecklen-

---

[1] Das Seitenstück zu dieser ganz willkürlichen Erhöhung lieferte ein Artikel der Kreuzzeitung, der umgekehrt von einer viel niedrigeren Summe, von blofs 100000 Reichsthalern als dem ursprünglichen Schuldbetrag zu erzählen wufste. Hier lag offenkundig eine Verwechselung mit jener ersten Foderung vor, die für den Herzog aus dem gebrochenen Verlöbnis erwachsen war, und die in der That anfänglich auf den genannten Betrag sich erstreckt hatte. Übrigens fand bei Gelegenheit des Malmöer Vertrags auch dieses Rechtsverhältnis endlich seine definitive Erledigung. Da seiner Zeit, durch ein Übereinkommen vom 7. März 1798, die Vereinbarung getroffen worden war, dafs die ganze Summe von 100000 Reichsthalern erst nach und nach, durch jährliche Ratenleistungen von je 6000 Thalern, getilgt werden sollte, so war bis zum Jahre 1803 erst wenig über ein Drittel, nämlich 36000 Thaler, zur wirklichen Auszahlung gelangt. In einem besondern Geheimartikel zum Traktat von Malmö wurde damals nun festgesetzt, dafs die restierenden 64000 Thaler ohne weiteres als ebenfalls getilgt gelten sollten. Cf. Lundin, Wismars Pantsättande till Meklenburg-Schwerin (1892) S. 2 und 86/7.
[2] Kölnische Zeitung.
[3] Auch in einem zweiten Artikel sind dieselben blofs zu einem geringen Teile berichtigt worden.

burg-Schwerin an seinem Teile sollte überhaupt nicht befugt sein, zu irgend einer Zeit unter Wiederauslieferung der verpfändeten Stadt die Rückzahlung der vorgestreckten Summe zu fordern; wohl aber behielt sich umgekehrt Schweden das Recht vor, nach Verflufs von 100 Jahren, das wäre mithin am 26. Juni 1903, den entliehenen Betrag samt mittlerweile aufgelaufenen Zinsen zurückzuerstatten und dafür seine in Pfand gegebene Stadt Wismar herauszuverlangen. Würde es diese Möglichkeit, was vollständig seinem freien Belieben überlassen war, praktisch nicht ausnützen, so sollte die Gültigkeitsdauer des Vertrags ganz unter den alten Bedingungen auf neue 100 Jahre, also bis zum 26. Juni 2003, ausgedehnt werden.

Alle sonst noch begangenen Irrtümer, beispielsweise unrichtige Angaben über die Zugehörigkeit Wismars zum corpus der mecklenburgischen Landschaft[1] und mehr dergleichen, übergehe ich hier, da sie sämtlich mit der eigentlichen Hauptfrage wenig oder nichts zu schaffen haben und folglich zur richtigen Beurteilung dieser die schon erwähnten Punkte durchaus genügen. Stellen wir die letzteren, die wir bisher einzeln für sich aufgezählt haben, der besseren Übersicht halber nochmals kurz zusammen, so erhalten wir als gegebenen Thatbestand folgendes: Es wurde 1803 Wismar von seinem bisherigen Besitzer Schweden zu rein pfandmäfsiger Innehabung, als Realsicherheit für ein Dar-

---

[1] Die Anteilnahme an der ständischen Verfassung, deren sich die Stadt bis zu ihrer Abtretung an Schweden stets erfreut hatte, ist ihr nicht schon 1828, wie vielfach behauptet wurde, sondern erst vor wenigen Jahren zurückgegeben worden. Wenn sie so noch kurz vor Ablauf der zu Malmö festgesetzten Pfandfrist in ihre frühere Stellung wieder eingesetzt und dadurch eine spätere Retrocession an Schweden nicht unbedeutend erschwert worden ist (vergl. hierzu Büsing, Staatsrecht der Grofsherzogtümer Mecklenburg-Schwerin und Mecklenburg-Strelitz, in Marquardsens Handbuch des öffentl. Rechts III, 2, 1 S. 26 f., 40), so kann das wohl als Beleg dafür gelten, dafs man in Mecklenburg (konform der Auffassung, wie sie auch von der vorliegenden Schrift später im 3. und 4. Abschnitt entwickelt wird) zur Zeit mit der Möglichkeit eines Verlustes von Wismar wenig mehr rechnet.

lehen von 1 250 000 Reichsthaler H.B., auf Mecklenburg-Schwerin übertragen; dabei wurde für ersteres die Berechtigung, nicht aber gleichzeitig auch die Verpflichtung stipuliert, nach 100, eventuell 200 Jahren durch Rückzahlung des Grundkapitals zuzüglich 3 % Zinseszins die Stadt wieder einzulösen.

Zweiter Abschnitt.

Die fortdauernde Rechtsbeständigkeit des schwedischen Anspruchs auf Wismar.

I. Wir haben in der vorhergehenden Abteilung die Bestimmungen näher kennen gelernt, die, neben einer ganzen Anzahl unwichtiger Specialverabredungen, den hauptsächlichsten Inhalt des Malmöer Vertrags bilden. Es fragt sich nun, ob dieselben auch heutzutage noch praktische Bedeutung beanspruchen dürfen, namentlich ob der Vorbehalt eines schwedischen Wiedereinlösungsrechts vor wie nach als juristisch wirksam und gültig anzusehen ist.

Man hat letzteres aus den verschiedensten Gründen in Abrede gestellt. In erster Linie ist geltend gemacht worden, ein Rechtsgeschäft wie das vorliegende stehe im schroffsten Widerspruche zu den modernen staatsrechtlichen Anschauungen und Principien. Der Malmöer Traktat wurzele noch vollständig in der Ideenwelt einer früheren Zeit, die heutzutage längst überwunden und allgemein aufgegeben sei; mit ihr habe er jetzt jedwede feste Basis verloren und sei daher in allen seinen Artikeln notwendig als erloschen zu betrachten.

Von dieser Beweisführung ist der erste Teil an sich durchaus richtig, falsch oder wenigstens zu weitgehend dagegen die hieraus gezogene Schlufsfolgerung. Gewifs ist der Vertrag in den Formen, wie ihn die Parteien seiner Zeit gewollt und abgeschlossen haben, gegenwärtig nicht mehr unverändert aufrechtzuerhalten. Nur wenn, resp. solange man die publicistische Herrschergewalt über ein Gebiet noch einfach als ein nutzbares Privatrecht ansah, war ein Rechtsgeschäft nach Art der Malmöer Vereinbarungen überhaupt konstruierbar; blofs unter dieser Voraussetzung konnte man es für zulässig halten, den Inbegriff der territorialen Befugnisse in zwei verschiedene Rechtskreise zu zerspalten, dem Staat A nur den einfachen, mit Niefsbrauch verbundenen Besitz [1] zu gewähren und gleichzeitig dem Staat B noch das Eigentum, die nuda proprietas zu reservieren. Sobald man dagegen tiefer in das Wesen der streng publicistisch zu fassenden Gebietshoheit eingedrungen war, mufste man notwendig zu der Erkenntnis gelangen, dafs es geradezu ein Ding der Unmöglichkeit ist, mehreren koordinierten Staaten an demselben Territorium gesonderte Rechte von dinglichem Charakter beizulegen [2]; es stellte

---

[1] Vergl. Art. 1 Abs. 2, Art. 4, Art. 6 des Wismarer Pfandvertrags. Dafs dem Herzog von Mecklenburg nicht possession schlechthin, sondern darüber hinausgreifend possession usufructuaire zugesprochen wurde, geschah mit Rücksicht darauf, weil er nach dem Traktat befugt sein sollte, allen Nutzen und Vorteil aus der verpfändeten Stadt zu beziehen, namentlich auch sämtliche Einkünfte für eigene Rechnung zu erheben.

[2] An und für sich könnte man wohl glauben, ausnahmsweise, nach bestimmten Richtungen hin, sei etwas Derartiges auch heutzutage noch zu finden; doch würde das durchweg auf blofse Selbsttäuschung hinauslaufen. Wenn beispielsweise vermöge sog. Servituten dem einen Staat die Befugnis zu irgendwelchen Einwirkungen auf das Gebiet eines zweiten zusteht, etwa unter gewissen Voraussetzungen ein Truppendurchzugsrecht von ihm beansprucht werden darf, so liegen hier nach der richtigen Auffassung (vertreten u. a. von Bulmerincq, Völkerrecht, im Handbuch des öffentl. Rechts, I, 2 S. 290) gar keine dinglichen, sondern rein obligatorische Rechtsverhältnisse vor. Fernerhin, bei allen Kondominaten zweier Mächte ist nicht jede von ihnen Träger eines **separaten** Rechts innerhalb eines **gemeinsam** besessenen Gebiets, sondern entweder ist im letzten Einsatze doch eine deutliche Realteilung desselben durchgeführt (so bei dem interessanten Falle der unter badisch-hessischer Hoheit stehenden Gemeinde Kürnbach; cf. Cosack, Staatsrecht des Grofsherzogtums Hessen, im Handbuch des öffentl. Rechts, III, 1, 4 S. 17), oder — der gewöhnliche Fall — es kommt beiden vereint die eine, unteilbare Territorialhoheit zu. Dagegen ist allerdings eine doppelte Verfügungsgewalt über das gleiche Gebiet thatsächlich nicht wegzuleugnen bei den bundesstaatlichen Verhältnissen. Indes handelt es sich ja bei diesen auch gar nicht um zwei getrennt **nebeneinander** stehende Staaten; vielmehr haben wir ein Verhältnis der organischen Eingliederung vor uns, dergestalt, dafs

sich heraus, dafs überall, wo eine solche Konkurrenz scheinbar vorlag, in Wahrheit doch immer nur der eine Rechtskreis kritischer Prüfung standzuhalten vermochte, der andere aber eine jeden realen Gehalts entbehrende Fiktion war. Das gilt nun ganz entsprechend auch in unserm Falle. Und zwar kann es nach Lage der Dinge keinem Zweifel unterliegen, dafs hier der dem Herzog von Mecklenburg zugesprochene Anteil in Wirklichkeit die volle und ungeschmälerte Gebietsherrschaft repräsentiert, denn ihm und nur ihm ist laut Art. 2 des Vertrags die Vornahme von Hoheitsakten aller Art innerhalb des fraglichen Gebiets gestattet[1]. Daraus ergiebt sich, dafs Schweden 1803 weit mehr aufgegeben hat, als es damals zu thun meinte: nicht blofs, wie eigentlich beabsichtigt, bis zu einem gewissen Grade, sondern schlechthin und totaliter ist von ihm die Hoheit über Wismar auf Mecklenburg übertragen worden[2].

---

die beiden in Betracht kommenden Gemeinwesen, wie überall, so auch speciell in Bezug auf Gebietshoheit sich erst gegenseitig zur vollen staatlichen Normalthätigkeit ergänzen. Wieder ganz anders verhält sich die Sache mit den sog. Vasallenstaaten, mit der vertragsmäfsigen Übernahme der gesamten Administration einer Provinz (England in Cypern, Österreich-Ungarn in Bosnien und der Herzegowina u. dergl. mehr); ich kann aber auf alle diese Punkte hier nicht weiter eingehen.

[1] Im Sinne des Malmöer Vertrags gilt freilich diese Befugnis ganz einfach als integrierender Bestandteil des Mecklenburg eingeräumten antichretischen Nutzungsrechts, d. h. sie wird noch genau so aufgefafst, wie dies dem (nicht scharf zwischen öffentlichem und privatem Recht scheidenden) Mittelalter von jeher geläufig und eigentümlich war. Vergl. hierzu Werminghoff, Die Verpfändungen der mittel- und niederrheinischen Reichsstädte während des 13. u. 14. Jahrh. (45. Heft von Gierkes Untersuchungen zur deutschen Staats- und Rechtsgeschichte) S. 39 u. 57 ff.

[2] Völlig entsprechend mufs offenbar die Tragweite der Cessionserklärung auch in einem anderen Falle beschränkter Gebietsabtretung beurteilt werden, der im Gegensatz zu den Verpfändungen auch heute noch praktisch geübt wird, ja der eigentlich gerade in der neueren Zeit erst zu ausgedehnterer Anwendung gelangt ist: das sind die sog. Territorialverpachtungen. Diese (nach Jellinek, Deutsche Juristenzeitung III S. 255, in Anlehnung an das englische Rechtsinstitut der lease ausgebildet) zogen bekanntlich gerade in Deutschland, als 1898 das Reich seine Besitzung Kiautschou auf diese Weise von China erwarb, die allgemeine Aufmerksamkeit auf sich und gaben damals den Anlafs zu mancherlei Zweifeln und Irrtümern. So konnte man beispielsweise vielfach die Ansicht vertreten finden, man habe es hier mit einem vollständigen novum, mit einer ganz neuen Bildung des Völkerrechts zu thun, während doch

Hiernach ist es in der That richtig, dafs unter den heutigen Verhältnissen der Malmöer Vertrag in der früher stipulierten Weise jedenfalls nicht fortgelten kann; daraus folgt aber noch lange nicht, dafs er in seinen sämtlichen Bestimmungen einfach als aufgehoben anzusehen ist, sondern höchstens, dafs er entsprechend korrigiert werden mufs. Es ist eine alte, wohlbegründete Rechtsregel, dafs ein Geschäft, welches in der von den Parteien ursprünglich gewollten Form aus irgendwelchen Gründen nicht gültig ist, doch nach Möglichkeit als Rechtsgeschäft anderer Art behandelt und aufrechterhalten werden soll. Das hat nun sicherlich auch in unserem Falle Platz zu greifen. Die eigentliche Absicht der Kontrahenten ging hier im Grunde doch nur dahin, dem einen Partner eine zuverlässige Realsicherheit bis zu dem Zeitpunkte zu verschaffen, wo er das dem anderen gewährte Darlehen zurückerhalten hätte. Diese Wirkung gedachte man damals durch Einräumung des hundertjährigen Pfandbesitzes zu erzielen; es läfst sich aber, nachdem derartiges mittlerweile unmöglich geworden

---

Ähnliches auch früher schon wiederholt vorgekommen war (vergl. u. a. den Vertrag, den England am 12. Mai 1894 mit Belgien, resp. dem Kongostaat über ausgedehnte afrikanische Gebietsteile abgeschlossen hat. Cf. Wauters, L'état indépendant du Congo S. 429 f., 446). Schwerwiegender noch war jedenfalls die theoretische Unsicherheit über den sachlichen Inhalt des Vertrags, die Streitfrage darüber, ob durch ihn trotz des enger gehaltenen Wortlauts doch die volle und unbeschränkte Gebietshoheit auf Deutschland übergegangen sei oder nicht. Wegen der begrifflichen Exklusivität der letzteren ist nun auch hier wieder einzig und allein das erste als wahrhaft modern-rechtlich zulässig anzuerkennen. Die wenigen Befugnisse, die China jetzt noch in Bezug auf Kiautschou innehat, sind längst nicht ausreichend, um ihm daraufhin ein immerwährendes dingliches Anrecht am Gebiet selbst zuzusprechen. Hierzu kommt dann noch, dafs es auch zur Sicherstellung der juristischen Existenz derselben nicht im entferntesten einer solchen Konstruktion bedarf; vielmehr vermögen sie auch als rein obligatorische Verhältnisse ganz unverändert fortzudauern. Das gilt in erster Linie von dem praktisch allerwichtigsten Reservatrecht, von der, pachtweisen Cessionen stets anhaftenden zeitlichen Begrenzung, die übrigens in concreto ganz verschieden normiert und ausgestaltet sein kann (bei Kiautschou sollte die Abtretung gültig sein für 99 Jahre, in dem zweiten vorhin genannten Falle „during the reign of His Majesty Leopold II, Sovereign of the independant Congo State").

ist, ganz dem nämlichen Zwecke auch noch in anderer Form gerecht werden, dadurch, dafs man im Wege der eben geschilderten „Konversion" von Rechtsgeschäften den Malmöer Vertrag als vollständigen Verkauf eines Territoriums unter gleichzeitiger Stipulierung eines eventuellen Rückkaufsrechts auffafst. Hierdurch sind mit einem Schlage alle Schwierigkeiten behoben, die sich aus der inzwischen eingetretenen Wandlung in der grundsätzlichen Konstruktion der staatlichen Gebietshoheit ergeben. Denn das nunmehr angenommene Rechtsgeschäft[1] läfst ja wirklich in der vorhin als notwendig erkannten Weise die unbegrenzte Fülle der Souveränetät auf den neuen Erwerber übergehen, und die Pflicht zur späteren Rückgabe erscheint jetzt nicht mehr als einfache Konsequenz des immerwährenden Fortbestehens eines schwedischen Eigentumsrechts, sondern ist in durchaus zulässiger Weise durch ein eigenes pactum de retro-emendo besonders konstituiert.

Mit alledem ist nunmehr dargethan, dafs nur eine kleine Modificierung in der formell-juristischen Konstruktion erforderlich ist, um das Wismarer Wiedereinlösungsrecht auch mit den öffentlichrechtlichen Anschauungen der Neuzeit durchaus zu versöhnen. Angemessener und richtiger wäre es ja gewesen, wenn man diesen schon von Haus aus, gleich bei Abschlufs des Vertrags mehr Rechnung getragen hätte. Dafs das damals bereits möglich gewesen wäre, dafür kann als Beweis der Vertrag dienen, durch welchen 1768 die genuesische Besitzung Korsika an Frankreich abgetreten wurde, in einer Weise, die die materielle Funktion

---

[1] Gegen die materielle Zulässigkeit eines solchen hat auch die neuzeitliche Theorie und Praxis des internationalen Rechtslebens absolut nichts einzuwenden. Nur pflegt man allerdings hier formell den allzu civilistisch klingenden Ausdruck „Kauf" gern zu vermeiden und, den einheitlichen Begriff des letzteren in seine Einzelelemente zerlegend, gesondert je für sich, in verschiedenen Artikeln die territoriale Cession und die Geldangelegenheit zu erledigen. Vergl. z. B. Art. 1 u. 6 des Vertrags vom 30. März 1867 zwischen Nordamerika und Rufsland, durch welchen ersteres Alaska für 7 200 000 Dollars Gold von letzterem erworben hat (Martens, Recueil II, 1, 39).

einer blofsen Verpfändung aufs beste mit den formalen Anforderungen neuzeitlich geläuterter Staats- und Rechtsanschauung zu vereinigen wufste[1]. Immerhin kann aber eben das, was im Gegensatz zu letzterem Falle 1803 versäumt worden ist, auch nachträglich noch zur Geltung gebracht werden und mufs es notwendig, wenn man sich mecklenburgischerseits nicht einer offenkundigen Verletzung der rechtlichen bona fides schuldig machen will.

II. Wir wenden uns jetzt, nachdem wir im Vorstehenden den ersten Versuch einer juristischen Widerlegung der Wismarer Ansprüche Schwedens zurückgewiesen haben, zur Schilderung einer zweiten Ableugnungsmethode. Bei dieser schreibt man der mittlerweile erfolgten Begründung des deutschen Bundesstaats eine Mecklenburg angeblich liberierende Wirkung zu. Man beruft sich hier nämlich darauf, dafs nach der derzeitigen Reichsverfassung kein Einzelstaat mehr im stande sei, wider den Willen der Centralgewalt irgendwelche Teile seines Territoriums an eine fremde Macht vollständig abzutreten; Mecklenburg könne daher beim besten Willen seiner früher übernommenen Verpflichtung gar nicht mehr nachkommen und sei daher

---

[1] Der Sachverhalt, aus welchem dieser ganze Vertrag hervorgegangen ist, bestand darin, dafs die Republik Genua die Insel, die sich gegen ihre harte und drückende Herrschaft empört hatte, selbst nicht unter ausgiebigster Benutzung französischer Militärhilfe wieder zu unterwerfen vermochte und nur für die Vergütung der letzteren eine immer gröfsere Schuldenlast sich aufhäufen sah. Um sich nun wenigstens dieser zu entledigen, war man damals zu dem Entschlusse gelangt, zur Entschädigung für die aufgewendeten Kriegskosten (pour gages et cautions des dépenses) Korsika gänzlich an Frankreich zu überlassen, dabei sich aber noch die Befugnis zum späteren Rückerwerb im Wege der nachträglichen Auslagenerstattung zu reservieren (das Nähere siehe bei Martens, Recueil I, S. 229 ff. Nach Art. 2, 3, 5 wurde der französische König schlechthin und uneingeschränkt Souverän der Insel, aber — Art. 4 — blofs jusqu'à réclamation et payement des dépenses). Dieser Vorbehalt ist natürlich jetzt schon längst gegenstandslos geworden, spätestens (durch confusio) in dem Zeitpunkt, wo infolge der Einverleibung der „Ligurischen Republik" in Frankreich (1805) berechtigter und verpflichteter Staat in eins zusammengefallen waren.

nach dem Grundsatz, daſs impossibilium nulla est obligatio, von ihr als völlig befreit zu erachten.

Von dieser Argumentation ist abermals, ganz wie bei jener ersten Beweisführung, die aufgestellte These durchaus zutreffend, ungenügend fundiert dagegen die aus ihr abgeleitete Schluſsfolgerung. Mag es heutzutage auch wirklich über allen Zweifel erhaben sein, daſs jeder gliedstaatliche Cessionsvertrag zur Erlangung voller Wirksamkeit eine besondere Genehmigung von seiten des Reichs nötig hat, so darf man dabei doch sicher nicht ganz zu untersuchen vergessen, ob nicht letzteres unter Umständen zur Erteilung seiner Zustimmung juristisch verpflichtet sein kann. Nun ist aber diese eigene Gebundenheit, die natürlich gegen die angeblich vorhandene Unmöglichkeit der Leistung sehr schwer ins Gewicht fallen muſs, in Fällen wie dem unsrigen thatsächlich als gegeben anzuerkennen. Wie überhaupt sämtliche deutsche Gliedstaaten, so hat insbesondere auch Mecklenburg die Hoheitsrechte, die es bei Vereinbarung der Bundesverfassung der neu zu schaffenden Reichsgewalt überwies, jedenfalls immer nur im damals bestehenden Umfange, mit allen ihnen anhaftenden Beschränkungen abtreten können. Ich will das zunächst an einem etwas einfacher liegenden Beispiele zu verdeutlichen suchen. Während zur Zeit des Deutschen Bundes sämtliche Gliedstaaten die unzweifelhafte Befugnis besaſsen, auf ihrem Gebiet ganz nach Gefallen Befestigungen anzulegen[1], haben sie[2] dieselbe jetzt kraft Art. 65 der Verfassung dem Reiche als solchem zu ausschlieſslicher Zuständigkeit cediert. Weil jedoch anerkannt niemand im stande ist, einem Dritten gröſsere Rechte zu gewähren, wie er bis dahin selbst besessen hatte, so muſs unbedingt diese Kompetenz in der Hand des Reiches noch ganz den gleichen Einschränkungen unterliegen, die zuvor den betreffenden Teilstaaten gegen-

---

[1] Cf. Klüber, Öffentliches Recht des Teutschen Bundes und der Bundesstaaten (4. Aufl.) S. 824.
[2] Abgesehen von Bayern.

über in rechtlicher Wirksamkeit gestanden hatten; das erstere kann nur genau bis zu dem Punkte zur Errichtung neuer Fortifikationen autorisiert sein, wie das schon bei den letzteren der Fall gewesen war. Daraus folgt mit Notwendigkeit, dafs unter anderen die Art. 15 und 16 des Malmöer Vertrags, durch welche Mecklenburg seiner Zeit jedwede Befestigung Wismars untersagt wurde, dem Reiche gegenüber gleichfalls noch als negative Staatsservituten in Gültigkeit sind, wie denn dieses in der That bisher davon abgesehen hat, die ihrer Lage nach hierzu vorzüglich geeignete Stadt in einen militärisch-maritimen Stützpunkt umzuwandeln.

Ganz analog, blofs ein wenig komplicierter verhält sich die Sache nun auch, sobald wir nicht eine bestimmte Einzelkompetenz, sondern gleich den Gesamtinhalt der dinglichen Herrschaft ins Auge fassen, die der Reichsgewalt an sämtlichen Gliedstaatsterritorien eingeräumt worden ist. Wie bereits bei einer früheren Gelegenheit (S. 16 Anm. 2 a. E.) kurz erwähnt wurde, steht in Bundesstaaten die Gebietshoheit als Ganzes weder der specifischen Centralgewalt noch den ihr organisch eingegliederten Unterpotenzen zu, sondern es tritt hier eine eigentümliche Zerlegung derselben ein: insoweit, als die Einzelstaaten noch immer zu irgendwelchen Einwirkungen auf ihr Territorium verfassungsmäfsig befugt sind, ist ihnen der entsprechende Ausschnitt der Gebietshoheit vor wie nach ungeschmälert verblieben; insoweit dagegen die Thätigkeit des Reichs einzugreifen hat, erscheint wieder dieses als partieller Träger derselben[1]. Jedenfalls ist doch aber dieser letztere Bestandteil von seinem derzeitigen Inhaber nicht durch originären Erwerbsakt, vielmehr rein derivativ von den Einzelstaaten her erworben worden. Auch derjenige Rechtskomplex, der gegenwärtig in der Hand des Reiches vereinigt ist, hatte sich ursprünglich im Besitze der Einzelstaaten befunden, woselbst er

---

[1] Vergl. hierzu Laband, Reichsstaatsrecht (3. Aufl.) S. 167.

damals ein integrierendes Teilstück der gesamten souveränen Staatsgewalt bildete und folglich von allen ihren völkerrechtlichen Beschränkungen notwendig mit ergriffen werden mufste. Als dann später die Ausscheidung zu Gunsten des Reiches vollzogen war und dieses die ihm zugewiesenen Kompetenzen von den Gliedstaaten wirklich übernommen hatte, war dieser einfache Zerlegungs- und Übertragungsakt offenbar nicht im stande gewesen, an solchen, rechtsgültig einmal existierenden Verpflichtungsverhältnissen einseitig, wider den Willen der betreffenden fremden Mächte[1] etwas zu ändern; im Gegenteil müssen derartige Ansprüche, wieder nach dem bereits angezogenen Satze nemo plus juris ad alium transferre potest quam habet ipse, noch

---

[1] Man hat wohl manchmal geglaubt (vergl. hierzu z. B. Triepel, Völkerrecht u. Landesrecht S. 249), einen entsprechenden Verzicht der letzteren aus der völkerrechtlichen Anerkennung des neuen Bundesstaats herauslesen zu dürfen. Das ist jedoch sicher nicht möglich. Dergleichen wäre vielleicht zulässig, wenn die Reichsverfassung expressis verbis oder auch nur implicite den Satz enthielte, dafs fortan unter keinen Umständen mehr Stücke des derzeitigen Bundesgebiets einer fremden Macht überlassen werden sollten. Bereits wohlerworbenen Ansprüchen gegenüber würde das zunächst eine zweifellose Rechtsverletzung bedeutet haben; indes würde man hier eben allenfalls aus dem vollständigen Schweigen der fremden Staaten, aus der widerspruchslosen Hinnahme der Verfassung in Bausch und Bogen, den Schlufs ziehen dürfen, dafs das Ausland auch die seine Ansprüche beeinträchtigenden Bestimmungen anerkannt und so die ursprüngliche Rechtswidrigkeit nachträglich saniert habe. Nun liegt es aber doch klar vor Augen, dafs die deutsche Konstitution diesen oder einen ähnlichen Satz absolut nicht enthält. Das, was aus ihr mit Fug und Recht zu entnehmen ist, besteht lediglich in der Anordnung, dafs territoriale Cessionen in Zukunft nicht blofs von den Gliedstaaten als solchen vollzogen werden können, eine Bestimmung, die vermöge der internationalen Anerkennung in der That auch für alle auswärtigen Mächte Wirksamkeit gewonnen hat, dergestalt, dafs letztere die Erfüllung alter Territorialansprüche jetzt nicht mehr von den ursprünglich Verpflichteten allein erwarten dürfen, sondern auch das Reich um seine Einwilligung anzugehen haben. (Ob diese Zustimmung eintretenden Falles wirklich erteilt werden würde oder nicht, davon sagt die Verfassung wieder gar nichts, woraus jedenfalls, wie oben im Texte geschehen, einfach zu folgern ist, dafs die Regeln des normalen Eintritts in Rechte und Verbindlichkeiten des auctor Platz greifen sollen.) Hierüber noch hinausgehende Wirkungen dürfen der Anerkennung in keiner Weise beigelegt werden, denn man kann doch sicherlich eine Willenserklärung nicht in weiterem Umfange genehmigen und stillschweigend acceptieren, wie sie selbst nach Sinn und Wortlaut gemeint war.

immer ungestört fortbestehen und deshalb jetzt das Reich an seinem Teile ebenfalls mit treffen[1].

Hiernach haben unsere Erörterungen schliefslich zu folgendem Resultate geführt. Es ist in der That richtig, dafs die deutschen Einzelstaaten heutzutage nicht mehr in

---

[1] Der einfachste und kürzeste Ausdruck dieses Gedankens besteht wohl darin, den Bundesstaat in dem angedeuteten Umfange ganz allgemein als Universalsuccessor der Gliedstaaten zu bezeichnen. Das ist um deswillen durchaus zulässig, weil hier in der That ein vollständiges publicistisches Seitenstück zu dem ursprünglich im Privatrecht ausgebildeten Begriff der Gesamtnachfolge vorliegt, d. h. weil hier gleichfalls die succedierende Person rechtlich offenbar nur in „reines Vermögen", in die Aktiven nach Abzug resp. unter Anerkennung sämtlicher Passiven, einrücken kann und, was bei der eigentümlichen Struktur des Völkerrechts sehr wesentlich ist, präsumtiv selber auch nur einrücken will. Wenn Triepel (a. a. O. S. 367 Anm. 1 vbd. mit S. 247 ff.) sich mit Nachdruck dagegen ausspricht, die Universalsuccession des Bundesstaats auch auf diejenigen Rechtsverhältnisse sich mit erstrecken zu lassen, die noch nach erfolgter Reichsgründung den Einzelstaaten zur ausschliefslicher Kompetenz verblieben sind, so ist das, je nach den näheren Umständen, entweder eine materiell ganz unbegründete oder aber ziemlich überflüssige Polemik. Fafst man nämlich, was in der von Triepel kritisierten Schrift wirklich geschehen war, den Bundesstaat als organische Totalität von Centralgewalt plus Unterpotenzen auf, als mufs dieses komplicierte, die beiden letzteren in sich begreifende Gemeinwesen international auch unbedingt als Träger des gesamten, früher von den souveränen Einzelstaaten innegehabten Rechtskreises gelten, denn es wird ja hier eben principiell eine vollständige Ersetzung derselben durch einen einzigen, nur eigentümlich decentralisierten Staat angenommen, genau so, wie das einfacher und übersichtlicher bei Verschmelzung zu einem Einheitsstaat gegeben ist. Versteht man dagegen, was Triepel jedenfalls im Sinne hat, unter Bundesstaat lediglich die specifische Reichsgewalt im Unterschied und Gegensatz zu den Teilstaaten, so wird wohl so leicht niemand auf die wunderliche Idee kommen, dafs die erstere die völkerrechtlichen Pflichten der letzteren auch in der ihnen unverändert verbliebenen Sphäre mit übernommen habe; vielmehr kann hier „der Bundesstaat" in die Rechtsstellung der Gliedstaaten blofs anteilig, entsprechend den Grenzen der ihm zugewiesenen Kompetenz eingerückt sein. Fraglich möchte dabei vielleicht blofs das eine erscheinen, ob man unter solchen Umständen, trotz des nur partiellen, sachlich beschränkten Eintritts in Rechte und Pflichten noch befugt ist, von einer Universalsuccession zu reden. Dagegen wird sich indes kaum viel Stichhaltiges einwenden lassen; würde es doch das moderne Civilrecht sicherlich ebenfalls als Gesamtnachfolge auffassen, wenn einmal ein Testament gleichzeitig zwei Personen als Erben, hier des gesamten Immobiliarbesitzes, dort des ganzen Mobiliarvermögens, berufen sollte. Demgemäfs ist es auch vollständig zu billigen, wenn beispielsweise Huber (Die Staatensuccession S. 37/9, 165 ff.) eine wahre Universalsuccession des Bundesstaats in dem genannten begrenzten Sinne unbedenklich annimmt.

der Lage sind, schlechthin und vollwirksam über Teile ihres Gebiets zu Gunsten fremder Staaten zu disponieren. Nur in beschränktem Umfange steht ihnen eine solche Verfügungsgewalt auch gegenwärtig noch zu, und soweit das der Fall ist, befindet sich die frühere Verpflichtung wider sie jetzt ebenfalls noch in Kraft. Soweit dagegen die specifische Wirkungssphäre des Reichs in Betracht kommt, muſs dieses um seine Zustimmung zur Cession ersucht werden; da es jedoch zur Erteilung derselben juristisch verpflichtet ist, so bedeutet das offenbar bloſs eine formelle Erschwerung[1] und involviert nicht die mindeste sachliche Einbuſse an dem von früher her bestehenden Rechtsanspruch.

III. Wenn das Endurteil über die beiden bisher behandelten Widerlegungsmethoden nur dies sein konnte, daſs ihnen wahrhaft durchschlagende Beweiskraft nicht zukommt, so trifft das auf die jetzt zu erörternde dritte in noch wesentlich gesteigertem Maſse zu. Diese ist von einer deutschen Zeitung[2] in einem ausführlichen Artikel aufgestellt worden und läuft kurz und bündig darauf hinaus, daſs man sagt: „Der Malmöer Traktat ist ein einfacher Personalvertrag zwischen zwei Fürsten, von diesen abgeschlossen lediglich für sich und ihre Häuser, nicht dagegen auch für ihre Staaten. Das in ihm vorbehaltene Heimfallsrecht war mithin nur und ausschlieſslich der Dynastie Wasa persönlich, aber keineswegs dem Staate Schweden als solchem zugedacht. Da nun jene schon lange Zeit nicht mehr die Regierung in diesem führt, sondern durch das Haus Bernadotte ersetzt worden ist, so kann jetzt schwe-

---

[1] Etwas Ähnliches war übrigens schon vor erfolgter Reichsgründung vorhanden, denn auch zu Zeiten des Deutschen Bundes war es erforderlich, daſs letzterer seine Einwilligung zu etwaigen Gebietsabtretungen seiner Mitglieder aussprach. Eine solche wurde unter anderem nachgesucht und bedingt auch erteilt bei Cession luxemburgischer Territorien an Belgien (13. Sitzung des Bundestags vom Jahre 1836). Eine definitive Regelung dieser Angelegenheit fand indes erst später, nämlich 1839 (Sitzung vom 5. Sept.), statt.
[2] Neue Preuſsische (Kreuz-)Zeitung, Morgenblatt vom 2. Februar 1900.

discherseits ein Anspruch auf Wismar nicht mehr erhoben werden."

Wäre diese Behauptung, dafs die Wiedereinlösungsbefugnis nur ein sämtlichen Gliedern der Wasafamilie successiv zustehendes Individualrecht bedeuten sollte, als richtig anzuerkennen, so müfste in erster Linie hervorgehoben werden, dafs für Mecklenburg selber aus der veränderten Sachlage absolut kein Vorteil entspringen würde. Denn das Haus Wasa[1] ist ja zur Zeit durchaus nicht völlig ausgestorben, sondern lebt in einer Enkelin Gustavs IV., nämlich der jetzigen Königin von Sachsen, noch fort. Es würde also unter den angenommenen Voraussetzungen an Stelle Schwedens 1903 einfach der letztgenannte deutsche Gliedstaat in gewissem Sinne als Prätendent auf Wismar auftreten können und so eine Aussicht erhalten, zu dem bisher besessenen Leipzig noch eine zweite grofse Seestadt hinzuzugewinnen. Indes man wird sich in Sachsen wohl schwerlich irgendwelche Hoffnungen nach dieser Richtung hin machen, und zwar mit vollem Recht, denn die Behauptung, dafs der Malmöer Traktat ein reiner Personalvertrag zwischen zwei Fürsten gewesen sei, steht zu den gegebenen Thatsachen in schärfstem Widerspruch[2]. Schon im Westfälischen Frieden ist klar und deutlich bestimmt, dafs Wismar nicht an die zur Zeit regierende Dynastie, sondern dem regnum Sueciae schlechthin abgetreten wurde. Daher war König Gustav IV. Adolf gar nicht im stande, anders wie in seiner Eigenschaft als Staatsoberhaupt über die Stadt zu verfügen; nur als solches hat er den Vertrag zu Malmö überhaupt abschliefsen können und dabei durch Artikel 3 auch ganz korrekt das Wiedereinlösungsrecht nicht blofs seinen Familienerben, sondern ausdrücklich der Krone Schweden reserviert.

---

[1] Genauer eigentlich Holstein-Gottorp.
[2] Zum mindesten was den schwedischen Kontrahenten betrifft. Wie sich die Sache auf seiten Mecklenburgs verhält, ist für die juristische Gültigkeit des Heimfallsrechts gleichgültig und darf deshalb hier unerörtert bleiben.

IV. Im Gegensatz zu der letzterörterten Beweisführung, die nur unter offenkundigem Widerspruch zu dem officiellen Vertragstext aufgestellt werden kann, scheint die nunmehr zu behandelnde vierte weit besser fundiert zu sein, da sie sich umgekehrt auf amtliche Akten und Schriftstücke direkt zu berufen vermag. Über die ganze Vorgeschichte des Malmöer Vertrags war in weiteren Kreisen lange Zeit äufserst wenig bekannt; erst durch eine akademische Abhandlung[1], die vor wenigen Jahren in Schweden veröffentlicht wurde, ist hierin eine Wandlung eingetreten. In dieser Schrift, bei deren Ausarbeitung dem Verfasser auch das schwedische Reichsarchiv zur Benutzung offen stand, werden nun zahlreiche interessante Mitteilungen über die näheren Umstände des schwedisch-mecklenburgischen Vertrags gemacht, namentlich und vor allem auch solche über eigentümliche Vorbesprechungen, die zwischen den beiderseitigen Bevollmächtigten vor dem wirklichen Abschlufs des Vertrags stattgefunden haben, und die an sich allerdings die Vermutung wohl nahelegen möchten, Schweden habe sich das Wiedereinlösungsrecht im Ernste gar nicht vorbehalten wollen.

Sowohl bei den langwierigen Präliminarverhandlungen, die zwischen den Parteien meist schriftlich geführt worden sind, wie später bei der mündlichen Erörterung in Malmö selbst werden nämlich von den schwedischen Unterhändlern immer von neuem beruhigende Wendungen gebraucht und Zusicherungen abgegeben, die die Abtretung Wismars an Mecklenburg als eine definitive und unwiderrufliche erscheinen lassen sollen[2]. Sie erklären, dafs ihrer Auffassung nach der Herzog eine „possession" oder „hypothèque permanente", „la jouissance tranquille dans l'avenir", „la perpétuité de la possession" erhalten würde, dafs in Wirklichkeit „eine Einlösung des Pfandes nie in Frage kommen,

---

[1] Es ist das die gelegentlich schon erwähnte Schrift von Lundin, Wismars Pantsättande till Meklenburg-Schwerin, Upsala 1892.
[2] Vergl. Lundin a. a. O. S. 6, 8, 37, 48 und öfter.

sondern die Überlassung für immer gültig sein solle" u. s. w. u. s. w. Es ist nun zu untersuchen, ob alle diese Zusicherungen, die in dem Vertrage selbst irgendwelchen Ausdruck nicht gefunden haben, wirklich geeignet sind, Mecklenburg juristisch vor einer Rückforderung Wismars zu bewahren.

Das ist jedoch auf das bestimmteste zu verneinen. Man mufs hier von vornherein sorgfältig zwischen verschiedenen Möglichkeiten unterscheiden.

Entweder — und das ist das weitaus wahrscheinlichere — waren sich die Kontrahenten sehr wohl bewufst und darüber einig, dafs lediglich die 25 Artikel der Vertragsurkunde die Gesamtheit dessen vorstellen sollten, was man wirklich im Rechtssinne, mit der Absicht wahrer juristischer Bindung für beide Teile ausgemacht hatte. Alsdann können sämtliche bei den Vorverhandlungen gefallene Äufserungen, die sich mit dem Texte des Traktats irgendwie in Widerspruch setzen, keine andere Bedeutung als die blofser Wahrscheinlichkeitsannahmen, politischpräsumtiver Voraussagungen über den künftigen Lauf der Dinge haben: man wollte schwedischerseits die Überzeugung aussprechen, dafs rein praktisch ein Rückfall Wismars so gut wie ausgeschlossen erscheine, und die mecklenburgischen Gesandten haben diese Erklärung genau in dem gleichen Sinne verstanden und ihrerseits acceptiert.

Dafs die Sache wirklich so gemeint war, geht aus den verschiedensten Umständen, man kann fast sagen bis zur Evidenz hervor. Als z. B. gleich bei Beginn der Präliminarverhandlungen Mecklenburg auf einen vollständigen Verkauf des fraglichen Territoriums hindeutete, da erwiderte der schwedische Bevollmächtigte, ein solcher sei unzweckmäfsig, angeblich wegen der „lois diffus de l'Empire", in Wahrheit aber wohl mehr mit Rücksicht auf die öffentliche Meinung in Schweden. Statt dessen brachte er die blofse Verpfändung in Vorschlag, jedoch in einer Form, dafs „Mecklenburg niemals Gefahr laufen könne, seine neue Besitzung wieder zu verlieren". Worin sollte denn nun aber antragsgemäſs die wirkliche Garantie nach dieser Richtung hin bestehen? Nicht in irgendwelcher rechtlich bindenden Zusage, sondern bloſs in dem Umstand faktischer Natur, daſs man versprechen wollte, bei einer eventuellen Einlösung auch 3% Zinseszins für das geliehene Kapital zu bezahlen[1]. Nun ist es ja ganz richtig, und wir werden später (S. 55 ff.) darauf noch zurückzukommen haben, daſs die gewaltige Endsumme, bis zu welcher der ursprüngliche Betrag auf diese Weise 1903 angewachsen sein wird, mit zu den zahlreichen Momenten gehört, die eine wirkliche Rückforderung Wismars so unwahrscheinlich wie nur irgend möglich machen; indes, eine streng juristisch wirksame Sicherheit war auf dem vorgeschlagenen Wege ganz gewiſs nicht zu erzielen.

Ein fernerer, sehr charakteristischer Beleg für die Art, wie die in Aussicht gestellte Nichteinlösung aufgefaſst wurde, besteht in folgendem. Für die Verhandlungen in Malmö erhielt der schwedische Gesandte Instruktionen mit[2], laut welchen er seinen Gegenkontrahenten zunächst auf alle die Umstände hinzuweisen hatte, die den neuen Erwerber über die vollkommene Ungestörtheit seines künftigen Besitzes beruhigen könnten. Es wird dann weiterhin die Hoffnung ausgesprochen, die mecklenburgischen Bevollmächtigten würden schon hieraus ersehen, daſs die Sicherheit ihres Herrn genau so vollständig wäre, als hätte ein formeller Kauf stattgefunden; sollten sie jedoch dessen ungeachtet noch eine ausdrückliche Erklärung von der Absicht Schwedens, sich seines Heimfallsrechts nicht zu bedienen, wünschen, so möge auch das zugestanden werden, **doch nur für die Regierungszeit des Königs**. Durch die letzteren Worte, die Gustav IV. eigenhändig der In-

---

[1] Cf. Lundin S. 6. Ganz in dem nämlichen Gedankengange haben sich später die Malmöer mündlichen Verhandlungen über diesen Punkt bewegt (a. a. O. S. 49).
[2] Lundin S. 48.

struktion hinzugefügt hat, wird der ganze Sachverhalt eigentlich mit aller nur wünschenswerten Deutlichkeit klargelegt: während die zuerst ins Auge gefaſsten Garantien offenbar bloſs faktischer Art sind und als solche naturgemäſs für die gesamte Dauer des Vertragsverhältnisses in Wirksamkeit bleiben, soll eine rechtlich gültige eben höchstens in beschränkter, die nachmaligen Regierungsfolger nicht bindender Weise konstituiert werden. Da bei der hundertjährigen Dauer der Verpfändung, über die man nach anfänglicher Meinungsverschiedenheit (Lundin S. 50) bald einig wurde, eine Einlösung durch König Gustav selbst eo ipso nicht in Frage kommen konnte, so hat Mecklenburg mit Recht darauf verzichtet, sich von ihm persönlich noch die dargebotene formelle Zusicherung ausstellen zu lassen. —

Auf Grund der hier angeführten, sowie mancher ähnlichen Thatsachen (die genannten Punkte lieſsen sich leicht noch vermehren) wird man wohl unbedingt zu der Überzeugung kommen müssen, daſs den sämtlichen schwedischen Erklärungen über die Nichtausübung der Heimfallsbefugnis streng juristischer Charakter durchaus abzusprechen ist. Nichtsdestoweniger, und um die Sache nach allen Seiten zu beleuchten, mag jetzt auch noch die zweite Alternative einer kurzen Erörterung unterzogen werden; wir wollen einmal wirklich annehmen, daſs beiderseits jene Erklärungen nicht bloſs als politische Wahrscheinlichkeitsvermutungen, sondern als Zusagen im Rechtssinne gemeint waren, mit anderen Worten, daſs die Kontrahenten den Rückfall Wismars auch juristisch auszuschlieſsen gedachten. Unter diesen Umständen liegt dann die Sache so, daſs ihre wahre Absicht infolge eines merkwürdigen Redaktions- und Formulierungsungeschickes in dem endgültigen Vertragstexte nicht zum Ausdruck gelangt ist. In diesem ist überall nur von einem zeitweiligen Besitzübergange die Rede, von einer bloſsen Verpfändung, die in ihren Wirkungen nach einer gewissen Frist und unter gewissen Voraussetzungen wieder rückgängig gemacht werden soll; gleichzeitig ergiebt sich aber nach unserer Annahme aus den begleitenden Umständen mit voller Sicherheit, dafs die Parteien ernstlich ein auf unwiderrufliche Cession gerichtetes Rechtsgeschäft im Sinne hatten. Beides läfst sich mit einander schlechterdings nicht vereinigen. Es kann nicht daran gedacht werden, den Vertrag principiell aufrechtzuerhalten, ihn aber aus jenen nach bestimmten Richtungen hin zu ergänzen und zu korrigieren. Derartiges ist doch sicherlich nur bis zu dem Grade gestattet, dafs der sachliche Inhalt des betreffenden Rechtsgeschäfts grundsätzlich noch immer bestehen bleiben kann, nicht aber zu etwas ganz anderem verkehrt wird. Auf diesen letzteren Effekt würde nun die im Wege der Vertragsauslegung erfolgte Beseitigung der Wiedereinlösungsbefugnis thatsächlich hinauslaufen. Mit dem Begriffe des specifischen Pfandvertrags ist das Moment eines späteren Rückfalls der fraglichen Sache dergestalt unlöslich verbunden, dafs er ohne dasselbe überhaupt nicht existieren und gedacht werden kann: sobald es fehlt, kommt notwendig sofort ein Vertrag von völlig abweichendem Charakter in Betracht[1]. Demzufolge wäre hier in An-

---

[1] Diese Wirkung — das sei ausdrücklich hervorgehoben — wird umgekehrt gerade vermieden bei der Art, wie von uns seiner Zeit (S. 18 ff.) das Malmöer Rechtsgeschäft aufgefafst und interpretiert worden ist. Auch wir haben dasselbe damals in einer Weise ausgelegt, die mit dem klaren Wortlaut des Vertrags zweifellos nicht im Einklang steht; während der letztere nur eine Übertragung Wismars zu Niefsbrauch und Besitz, d. h. lediglich ein (antichretisches) Faustpfand kennt, wurde unsererseits ein vollständiger Verkauf des fraglichen Territoriums angenommen. Indem aber gleichzeitig zu Gunsten Schwedens auch ein entsprechendes pactum de retro-emendo Anerkennung fand, geschah durch das Ganze der sachlichen Intention der Parteien, so wie sie in dem Vertrage niedergelegt ist, absolut kein Eintrag, sondern sie wurde im Gegenteil mit etwas anderen Mitteln, in den heut allein zulässigen Formen weiter zur Geltung gebracht: mit demselben Recht, wie die altrömische fiducia, die volle mancipatio einer Sache unter gleichzeitiger Vereinbarung der späteren remancipatio, stets als specifisches Pfandgeschäft aufgefafst worden ist, darf unsere Korrektur des Malmöer Traktats gleichfalls noch als solches gelten. So ergiebt sich, dafs hier die der einfachen Auslegung immer gesteckten Schranken ebenso sicher gewahrt bleiben, wie sie zweifellos überschritten werden von einer „Interpretation", die

wendung auf den Malmöer Traktat einfach zu sagen, dafs das scheinbar abgeschlossene Rechtsgeschäft absolut nicht dasjenige war, welches von den Parteien in Wirklichkeit beabsichtigt wurde, und dafs deshalb in Wahrheit gar keins zu stande gekommen ist. Das eine, die blofse Verpfändung, ist in den gehörigen Formen zum Ausdruck gelangt, aber diese Erklärung entsprach materiell nicht dem thatsächlich vorhandenen Willen; dagegen mangelte es wieder dem andern um deswillen an der nicht weniger wesentlichen Form, weil die faktisch gewollte definitive Gebietscession nicht zum Abschlusse eines entsprechenden rechtsgültigen Vertrags zwischen den Parteien geführt hat. Da nun aber eben bei solcher Sachlage, wo sich Wort und Wille absolut nicht decken, nach allgemein beachtlichen Grundsätzen das erste Rechtsgeschäft so wenig wie das zweite zur juristisch relevanten Perfektion gelangt ist, so kann hier nur von einem mifsglückten Vertragsversuch ohne jedwede gültige Wirkung die Rede sein; es mufs daher auch alles nach Möglichkeit in denjenigen Zustand zurückgebracht werden, wie er vor dem verunglückten Projekt bestand, d. h. Stadt und Herrschaft Wismar sowohl wie andererseits die empfangene Geldsumme sind so rasch wie angängig zurückzustellen. So ergiebt sich als einzige Rechtsfolge, die den schwedisch-mecklenburgischen Vorverhandlungen bestenfalls zukommen könnte, dies, dafs Schweden die abgetretene Stadt, weit entfernt, sie für immer verloren zu haben, im Gegenteil noch früher, schon vor dem vollständigen Ablauf der hundertjährigen Pfandfrist, herauszuverlangen im stande ist.

Nach alledem darf es jetzt wohl als festgestellt gelten, dafs Mecklenburg aus den hier besprochenen Zusagen und Erklärungen der schwedischen Bevollmächtigten rechtlich nicht den geringsten Vorteil für eine ständige Behauptung

---

Mecklenburg den unwiderruflichen Besitz Wismars verschaffen, d. h. gerade das für den Pfandvertrag charakteristische Merkmal forteskamotieren möchte.

Wismars zu ziehen vermag. Denn entweder war denselben eben im Sinne der Parteien wahrhaft juristische Wirksamkeit zugedacht; dann müssen sie, wie wir jetzt gesehen haben, zu einer vollständigen Entkräftung des ganzen Vertrags und folglich auch zur Rückgängigmachung aller seiner faktischen Konsequenzen führen. Oder aber — der früher erörterte Fall — sie waren blofs als politische Wahrscheinlichkeitsvermutungen gemeint; dann entbehren sie unbedingt jedes rechtlichen Einflusses auf die Gültigkeit des gegebenen Vertragstextes. So führt zwar beides zu grundverschiedenen Ergebnissen, aber jedenfalls keines von ihnen zu dem allein gewünschten und erstrebten Resultat[1].

---

[1] Der Vollständigkeit halber liefse sich allerdings vielleicht noch eine dritte Eventualität annehmen, nämlich die, dafs die Parteien in ihrer (sei es nun rechtlichen oder politischen) Auffassung des Sachverhalts nicht einig, sondern verschiedener Ansicht waren. Es wäre immerhin denkbar, dafs Schweden seinerseits die juristische Wertlosigkeit seiner Zusagen genau kannte, dafs dagegen Mecklenburg ihnen thatsächliche Bedeutung beimafs und also nur durch arglistige Täuschung zur Unterzeichnung eines Vertrags bewogen wurde, den es sonst in der vorliegenden Fassung nicht abgeschlossen hätte. Soll nun gegen den, an sich hier wirksam zu stande gekommenen Traktat nicht wenigstens eine nachträgliche Remedur noch zulässig sein, ähnlich wie im Civilrecht durch Anfechtung mit actio de dolo, in integrum restitutio u. dergl. Abhilfe gebracht wird?
Aber auch auf diesem Wege wird für Mecklenburg kaum viel auszurichten sein. Zunächst ist sehr zu beachten, dafs eine derartige Aktion doch wohl wieder nur zu einer vollständigen Aufhebung des Vertrags führen, d. h. im Endresultat auf genau dasselbe hinauslaufen könnte, was schon für den zweiten, im Text behandelten Fall konstatiert worden ist; mit anderen Worten, die principielle Anfechtungsbefugnis Mecklenburgs selbst zugestanden, so darf es jedenfalls nach Recht und Billigkeit blofs Annullierung des ganzen Traktats verlangen, nicht aber, dafs er in den Teilen, die ihm selber passen (Abtretung der Stadt), gültig, dagegen in den minder genehmen (eventuelle Retrocession) ungültig sein soll. Hierzu kommt nun fernerhin noch, dafs unter den gegebenen Verhältnissen von strafbarer Arglist auf der einen Seite überhaupt nicht zu reden ist, sondern höchstens von strafbarem Leichtsinn auf der anderen. Wenn entsprechend im Privatrecht irgend etwas aufs deutlichste und mit allen nur möglichen Kautelen ausgemacht wäre und demgegenüber blofs ein paar formlose Äufserungen des Berechtigten ständen, er würde es später mit der Sache gewifs nicht so genau nehmen, so könnte daraufhin schwerlich die Gültigkeit des Rechtsgeschäfts mit Erfolg angefochten werden. Auch der ehrenwerte Shylock z. B. erklärt zur Empfehlung seiner bedenklichen Vertragsproposition, er mache sie „nur so zum Spafse", „in a merry sport", was ihn nachmals juristisch doch absolut nicht gehindert hat, als der bekannte unerbittliche Gläubiger aufzutreten.

Für die praktische Beurteilung der Sachlage wird übrigens, wie vorhin schon angedeutet, stets daran festzuhalten sein, dafs von den zwei Möglichkeiten eigentlich nur die letztgenannte ernstlich in Frage kommen kann; haben wir doch Thatumstände kennen gelernt, die es fast zur Gewifsheit machen, dafs jene Zusicherungen und Erklärungen nur rein politisch und nicht im strengen Rechtssinne verstanden sein wollten. Zum weiteren Beleg für diese Auffassung möchte ich jetzt am Schlusse des ganzen Teilabschnittes blofs auf eines noch hinweisen. Das besteht darin, dafs unsere Ansicht offenbar ganz übereinstimmt mit der Haltung, welche die schwedische Regierung dem Antrag Hedin gegenüber eingenommen hat[1]. Denn wiewohl der Minister des Auswärtigen v. Lagerheim bei seiner Beantwortung der Interpellation auch die schwedisch-mecklenburgischen Vorverhandlungen mit anzog und ihnen eine gewisse Bedeutung durchaus nicht absprechen wollte, so hat er doch ausdrücklich blofs von einer moralischen Pflicht

---

Und gerade in diesem Punkte, mögen die rechtlichen Grundlagen, auf denen der Shakespearesche Konflikt sich aufbaut, im übrigen noch so bestreitbar und zweifelhaft sein (cf. Jhering, Kampf ums Recht, 12. Aufl., S. 60 Anm.), gerade in diesem Punkte ist gegen sie nicht das mindeste einzuwenden. Denn wer mit einem anderen einen formellen Vertrag eingeht, der mufs, wenn er mit der Sache überhaupt einen Sinn verbindet, schlechterdings wissen, dafs er hierdurch wider sich Verpflichtungen zur Entstehung bringt, die, eben auf Grund der erzielten Willensübereinstimmung, fortbestehen sollen und wirklich fortbestehen, bis sie durch einen anderen gleichwertigen Akt wieder beseitigt werden. Sobald er leichtsinnigerweise die Herbeiführung des letzteren versäumt, so ist das lediglich seine eigene Schuld, und er darf sich absolut nicht beklagen, wenn nunmehr die erste und einzige, formgerecht von ihm abgegebene Willenserklärung vollinhaltlich zur Realisierung gebracht wird. Völlig dementsprechend hätte auch in unserem Falle Mecklenburg unbedingt darauf dringen müssen, dafs die rechtsunverbindlichen Zusagen Schwedens entweder in den Hauptvertrag selbst aufgenommen oder doch wenigstens in einem beigefügten Nebentraktat die praktische Nichtausübung der Wiedereinlösungsbefugnis versprochen wurde; unterliefs es eine solche Forderung, so hatte es auch alle Folgen der Versäumnis nur sich selber und seiner eigenen Fahrlässigkeit zuzuschreiben.

[1] Freilich mufs ich mich hier, da amtliche Berichte über die schwedischen Reichstagsverhandlungen mir nicht zu Gebote stehen, auf einfache Zeitungsmitteilungen verlassen. Vergl. unter anderem einen Artikel der Frankfurter Zeitung, Abendblatt vom 14. Febr. 1900.

Schwedens geredet, sich mit seinen früheren Zusagen nicht in Widerspruch zu setzen. Das deckt sich zum mindesten nach der negativen Seite hin, vermöge der hierin implicite liegenden Ablehnung jedes rechtlichen Einflusses, vollständig mit der von uns vertretenen Anschauung. Was dann weiterhin die positive Seite der ministeriellen Erklärung, die Anerkennung einer ethisch-moralischen Pflicht betrifft, so wird man auch dieser bis zu einem bestimmten Grade nur beistimmen können, insofern, als, vom sittlichen Standpunkt aus betrachtet, das gegenteilige Verfahren sicherlich nicht gerade als einwandsfrei erscheinen möchte. Doch besteht für uns keine Veranlassung, auf diesen Punkt näher einzugehen[1], da wir es hier ja gerade blofs mit der Erörterung der strikten Rechtsfrage zu thun haben.

V. Aus anderen Gründen wie den bisher dargelegten ist das schwedische Wiedereinlösungsrecht auf Wismar, wenigstens soviel mir bekannt ist, nicht angefochten worden. Ich möchte aber den vier bereits zurückgewiesenen Beweisführungen meinerseits noch eine fünfte hinzufügen, die merkwürdigerweise bisher nicht geltend gemacht worden ist, obschon sie sich an innerer Begründung mancher anderen ganz ebenbürtig fühlen darf. Man könnte nämlich auch noch folgendermafsen argumentieren: Dem Westfälischen Frieden zufolge hatte Wismar auch nach erfolgter Cession an Schweden nicht aufgehört, ein Glied des alten Deutschen Reichs zu bilden; vielmehr war die Abtretung lediglich lehnsweise vor sich gegangen. Lehen dürfen nun aber nach einem anerkannten Satze des für sie speciell ausgebildeten Rechts blofs mit Zustimmung des Lehnsherrn veräufsert und verpfändet werden, bei Strafe des sofortigen, ipso jure erfolgenden Verlusts[2]; trotzdem hat Schweden vor Ab-

---

[1] Etwaige Untersuchungen würden vor allem festzustellen haben, ob resp. inwieweit eine moralische Verbindlichkeit für Staaten als solche überhaupt möglich und konstruierbar ist.
[2] II feud. 55 (Gesetz Kaiser Friedrichs I. von 1154).

schluſs des Malmöer Vertrags die Einwilligung des hier in Betracht kommenden Lehnsherrn, des Kaisers, ganz sicher nicht eingeholt, denn es verspricht ja in Art. 23 ausdrücklich, sich erst nachträglich um sie bemühen zu wollen. Daraus folgt mit rechtlicher Notwendigkeit, daſs es in demselben Momente, wo es ohne Autorisation über Wismar verfügte, seine lehnsmäſsigen Rechte an der Stadt vollständig eingebüſst hat.

Dies würde an sich bewirken, daſs zunächst auch Mecklenburg durch den Malmöer Traktat keinen rechtsgültigen Besitztitel hat erwerben können, einfach deshalb, weil natürlich jemand, der selber kein Recht mehr hat, fortan auch keines auf einen andern zu übertragen vermag. Nichtsdestoweniger würde es heutzutage als voll legitimierter Herr der Stadt gelten müssen, nur nicht kraft eines derivativ, sondern originär erfolgten Gebietserwerbs. Indem nämlich Schweden zwecks faktischer Vollziehung des vermeintlich zu Recht bestehenden Pfandvertrags seine Staatsgewalt aus dem fraglichen Territorium ganz zurückzog, war dieses im völkerrechtlichen Sinne herrenlos geworden[1] und in dieser Eigenschaft fortan der beliebigen Occupation seitens jedes Dritten ausgesetzt. Von dieser Möglichkeit der freien Besitznahme hat nun der Herzog von Mecklenburg dadurch entsprechenden Gebrauch gemacht, daſs er seine Herrschaft faktisch auf Wismar ausdehnte, daſs er die Stadt seiner Hoheit thatsächlich unterwarf und sie so den bereits früher innegehabten Besitzungen hinzufügte. Selbstverständlich ist aber diese Occupation, weil anderes nicht ausdrücklich erklärt wurde, als für immer, nicht bloſs für eine gewisse

---

[1] Vorläufig, bis zu der erst drei Jahre später eingetretenen Auflösung des deutschen Reichsverbands, allerdings insofern noch nicht vollständig, als ja unbefugt veräuſserte Lehen von selbst an den Lehnsherrn, hier an den Kaiser zurückfallen. Da aber der letztere bis 1806 jedenfalls keine anderweiten Verfügungen über Wismar getroffen hat, so stand mindestens seit diesem Jahre der einseitigen Besitzergreifung von seiten Mecklenburgs rechtlich nichts mehr im Wege.

Frist erfolgt anzusehen, d. h. der Herzog hat durch sie einen ständigen, zeitlich nicht begrenzten Besitz erhalten.

An letzterem Punkte vermögen natürlich die gegenteiligen Bestimmungen des Malmöer Traktats absolut nichts zu ändern. Denn Mecklenburg stützt ja hier die Rechtmäfsigkeit seiner Herrschaft gar nicht auf diesen, sondern verdankt sie einem ganz anderen, aus seiner eigenen Initiative entsprungenen Erwerbsgrunde; Schweden ist nach Lage der Dinge überhaupt nicht im stande gewesen, seinem Partner die Hoheit über die Stadt im Vertragswege zu verschaffen, und darf sie deshalb auch nicht kraft des Vertrags von ihm wieder zurückverlangen wollen. Zum Troste dafür, dafs ihm seine stipulierten Rückfallsansprüche dergestalt unter den Händen zerronnen sind, könnte man Schweden nur darauf hinweisen, dafs keineswegs der ganze Inhalt des Vertrags von Malmö hinfällig und gegenstandslos geworden ist. Wenn nämlich jener vorhin erwähnte Satz des Lehnrechts auch zweifellos für die ohne Genehmigung des Lehnsherrn stattgehabte Veräufserung als solche und alles, was mit ihr direkt zusammenhängt, Nichtigkeit zur Folge hat, so erstreckt sich deshalb die letztere doch noch lange nicht mit auf Stipulationen, die durchaus selbständiger Natur sind und mit jener nur durch ein äufserliches Band, durch die Vereinbarung in der gleichen Vertragsurkunde verknüpft werden. In erster Linie gilt das hier von dem zwischen den Kontrahenten vereinbarten und auch thatsächlich vollzogenen Darlehen. Die Forderung auf Rückzahlung eines solchen wird nicht im geringsten beeinträchtigt durch die Ungültigkeit, die aus irgendwelchen rechtlichen Gründen für die Nebenverabredung einer Faustpfandbestellung erwachsen ist; im Gegenteil besteht sie auch unabhängig von dieser, nur eben jetzt ohne Realsicherheit, weiter fort. Das mufs nun auch speciell auf unseren Fall Anwendung leiden, so dafs Schweden unter Umständen recht unangenehme Erfahrungen machen könnte, wenn es 1903 sein vermeintliches Wiedereinlösungsrecht geltend machen wollte. Denn ist die im Vorstehenden versuchte Beweisführung richtig, so müfste es darauf gefafst sein, dafs es auf der einen Seite die verlangte Stadt nicht zurückerhielte, wohl aber auf der anderen das zweifelhafte Vergnügen hätte, auf Rückzahlung der ursprünglichen Darlehnsschuld samt mittlerweile riesig angewachsenen Zinsen[1] in Anspruch genommen zu werden.

Leider ist nur auch diese Argumentation, so anmutig sie an und für sich klingt, in Wahrheit durchaus nicht einwandfrei, sondern laboriert an empfindlichen Mängeln. Von manchen anderen, recht wesentlichen Punkten ganz abgesehen[2], wird sie schon dadurch völlig unmöglich gemacht, dafs die lehnsherrliche Zustimmung zur Veräufserung oder Verpfändung eines Lehens nicht gerade unbedingt eine ausdrückliche zu sein braucht, sondern sehr wohl auch stillschweigend rechtswirksam erteilt werden kann[3]. Man wird nun sicherlich zugeben müssen, dafs das letztere bei der

---

[1] Möglicherweise würden dieselben sogar nicht blofs, wie der Vertrag zu Malmö eigentlich will, mit 3, sondern mit 5 % zu berechnen sein. Letztere Verzinsung war nämlich nach Art. 4 Abs. 2 ursprünglich und principiell in Aussicht genommen; es war dann aber des weiteren noch bestimmt worden, hiervon seien 2 % in der Weise zu entrichten, dafs der Herzog von Mecklenburg alle Einkünfte aus der verpfändeten Stadt für eigene Rechnung beziehen dürfe. Diese Verfügung hatte auch unter den vorausgesetzten Umständen ihre volle Berechtigung. Wenn bei einem durch Faustpfand gedeckten Darlehen dem Gläubiger an dem ihm zu Besitz übergebenen Gegenstand die antichretische Nutzung, die Befugnis zu vollständigem Fruchtgenufs eingeräumt wird, so ist es nur billig, dafs der Wert desselben auf die zu zahlenden Zinsen in geeigneter Weise angerechnet wird. Nun hat aber nach der Entwickelung, die die Sache in Wahrheit genommen hat, Schweden gar nicht und in keiner Weise ein wahres Pfandverhältnis zu konstituieren vermocht, vielmehr hat Mecklenburg, wenn es sich heute im Besitz Wismars befindet, diesen nur durch selbsteigene That, durch den späteren Occupationsakt erworben. In Anbetracht dieser fundamentalen Umgestaltung würde sich nun immerhin manches dafür sagen lassen, dafs jetzt auf den eigentlich geplanten Zinsfufs zurückzugreifen sei, mit anderen Worten volle 5 % berechnet werden müfsten.

[2] Hierher gehört z. B. die Frage, ob die Grundsätze des longobardischen Feudalrechts von der Lehnsverwirkung wegen Felonie auf die deutschen Territorialstaaten überhaupt angewendet worden sind. Vergl. dazu u. a. Leist, Lehrbuch des teutschen Staatsrechts, 2. Aufl. 1805, S. 139.

[3] Cf. Gerber, System des deutschen Privatrechts, 15. Aufl., S. 232/3.

Wismarer Angelegenheit wirklich der Fall gewesen ist. Indem der Kaiser volle drei Jahre, bis zu dem erst am 6. August erfolgten Untergange des alten Reichs, nicht den geringsten Einwand gegen den Malmöer Vertrag erhob[1], hat er aufs deutlichste gezeigt, daſs er mit sämtlichen Bestimmungen desselben seinerseits gleichfalls einverstanden ist, und hat sie eben dadurch von allen Rechtsmängeln, die einzelnen von Haus aus vielleicht anhaften mochten, hinterher vollständig befreit.

---

[1] Dabei ist noch zu beachten, daſs ihm von demselben schwedischerseits eine formelle Anzeige gemacht wurde. Cf. Lundin S. 75 ff.

Dritter Abschnitt.

Die politische Unwahrscheinlichkeit einer Rückforderung Wismars durch Schweden.

———

I. In dem soeben abgeschlossenen zweiten Teil der Arbeit hat uns speciell die Frage beschäftigt, ob das im Malmöer Traktat zu Gunsten Schwedens stipulierte Wiedereinlösungsrecht auch heutzutage noch juristische Gültigkeit beanspruchen kann. Von den verschiedensten Seiten haben wir es versucht, der letzteren wirksam beizukommen, aber bei sämtlichen Anfechtungsmethoden mufsten wir schliefslich zu der Einsicht gelangen, sie seien rechtlich bei weitem nicht ausreichend, um die schwedische Heimfallsbefugnis als erloschen erscheinen zu lassen. Damit sind wir zu einer unveränderten Bestätigung dessen gekommen, was ich schon vor mehreren Jahren in einer Dissertation ausgeführt habe. Ich habe nämlich bereits in meiner Doktorschrift, die ganz allgemein „Über einige Ansprüche auswärtiger Staaten auf gegenwärtiges deutsches Reichsgebiet" [1] handelte, namentlich auch bez. des Wismarer Wiedereinlösungsrechts kurz darzuthun versucht, dafs dasselbe, gerade so wie die analogen Ansprüche Böhmen-Österreichs auf die sächsische und preufsische Lausitz, vom juristischen Standpunkt aus nicht

---

[1] Erschienen 1894 unter den „Ausgewählten Doktordissertationen der Leipziger Juristenfakultät". Allerdings habe ich damals nur die beiden ersten in der vorliegenden Arbeit erörterten Widerlegungsmethoden schon berücksichtigen können (vergl. a. a. O. S. 44 ff., 49 ff.).

wirksam angezweifelt werden kann. Wie wohl jeder junge Autor, hatte auch ich damals geglaubt, mit diesem Erstlingswerk eine gar nicht so üble Arbeit geliefert zu haben, war aber leider sehr rasch eines Besseren oder hier vielmehr Schlechteren belehrt worden. Das geschah in der Weise, dafs mir die alles wissende und alles verstehende politische Tagespresse, in diesem Falle vertreten durch den Hannoverschen Courier[1], bald in aller Form attestierte, meine staatsrechtlichen Erörterungen könnten nur „erheiternd" wirken. Die Deduktionen des „gelehrten Ver-

---

[1] Abendausgabe vom 7. September 1894. Dabei wurde in dem betr. Artikel auch sachlich eine recht bemerkenswerte Entdeckung gemacht. Man findet daselbst nämlich die Angabe, es scheine aus einer schwedischen Doktordissertation hervorzugehen, dafs Mecklenburg 1903 neben dem Hauptkapital nicht blofs 3, sondern 5% Zinseszins verlangen dürfe. Ich kenne nun die Lundinsche Schrift, die allein gemeint sein kann, ziemlich genau, vermag aber in ihr etwas Ähnliches bis jetzt nicht zu entdecken. Vielleicht liegt eine kleine Verwechslung mit dem ersten Zusatzartikel (Lundin a. a. O. S. 83 f.) zur Malmöer Hauptvereinbarung vor, in welchem thatsächlich von 5% Zinsen (und zwar effektiv zahlbaren, nicht etwa blofs nominell festgesetzten! Vergl. hiermit S. 38 Anm. 1) die Rede ist. Nur sollten dieselben freilich nicht schwedischerseits, sondern umgekehrt von dem Herzog von Mecklenburg entrichtet werden, so lange, bis die ganze Darlehnssumme bar an König Gustav gezahlt sein würde. Diese Bestimmung findet ihre Erklärung darin, dafs nach Art. 7 des Malmöer Vertrags von letzterer blofs 350000 Reichsthaler Hamburger Banko sofort bei Auswechslung der Ratifikationen fällig waren, wogegen der Restbetrag bis zu verschiedenen genau fixierten Abzahlungsterminen einstweilen stehen blieb.

Nebenbei bemerkt hat gerade dieser Punkt seiner Zeit zu recht langwierigen und gleichzeitig ergötzlichen Verhandlungen Anlafs gegeben. Anknüpfend an den realen Wert der finanziellen Erträgnisse Wismars wollten nämlich die mecklenburgischen Bevollmächtigten ursprünglich blofs 3% zugestehen; auf der anderen Seite stellte sich aber Schweden von Haus aus auf den Standpunkt, es sei der allgemein übliche Zinsfufs, den es für die damalige Zeit eben auf 5% bezifferte, zu Grunde zu legen. Demgegenüber versuchten es nun jene zunächst wieder, wenigstens mit einem Angebot von 4% durchzudringen. Aber wiewohl sie sich zur Befürwortung ihres neuen Vorschlags darauf beriefen, das sei zur Zeit in Mecklenburg für Geldschulden der gewöhnliche Satz, so erfolgte von der Gegenpartei doch wiederum eine starre Zurückweisung, noch dazu mit der etwas spitz klingenden Motivierung, dafs, was in Mecklenburg üblich sei, doch in dem übrigen Europa sehr gut anders sein könne (Lundin S. 52: „Han underrättades då, att hvad som var vanligt i Meklenburg, kunde alt för väl vara ovanligt i resten af Europa"). So mufsten schliefslich wohl oder übel doch die geforderten 5% bewilligt werden.

fassers" (so titulierte mich der sachkundige Referent, offenbar im Hochgefühl der Überlegenheit des praktischen Staatsmannes über den doktrinären Theoretiker) wurden mit unter der allgemeinen Rubrik des leeren „Geredes von einem möglichen Anfall Wismars an Schweden" abgefertigt und ihnen gegenüber die schon früher mehrfach[1] vertretene Meinung aufrecht erhalten, ernstlich könne von einer etwaigen Wiedereinlösung der Stadt gar nicht gesprochen werden.

Bei dieser grundsätzlichen Gegenüberstellung zweier Ansichten wird nur das eine völlig aufser acht gelassen, dafs beide einander in Wahrheit durchaus nicht kontradiktorisch ausschliefsen. Man kann von der unveränderten Rechtsgültigkeit irgend eines Anspruches fest überzeugt sein und doch die Ansicht haben, dafs an eine wirkliche Ausübung desselben gar nicht zu denken ist. Schon im innerstaatlichen Verkehr kommen Beispiele von der Unthunlichkeit oder selbst Unmöglichkeit, zweifellos bestehende Ansprüche auch faktisch durchzuführen, anerkannt in grofser Zahl vor; wie viel mehr in dem jeder festen Obergewalt entbehrenden internationalen Rechtsleben! Ein derartiger Fall mag nun vielleicht auch bei der Wismarer Angelegenheit thatsächlich gegeben sein. Wenn ich in meiner früheren Abhandlung, die ja schon vermöge ihrer Eigenschaft als juristische Doktordissertation strikt auf Erörterung der Rechtsseite beschränkt war, dem schwedischen Wiedereinlösungsanspruch nach dieser Richtung hin fortdauernde Wirksamkeit beigelegt habe, so wird damit der ganz an-

---

[1] In verschiedenen Nummern aus dem Ende des Jahres 1891. Übrigens ist anzuerkennen, dafs die damaligen Artikel für die Beurteilung der ganzen Frage manches wertvolle Thatsachenmaterial beigebracht haben; namentlich ist erst durch sie der Umstand weiteren Kreisen bekannt geworden, dafs sowohl die mecklenburgischen Staats- wie die Wismarer Stadtbehörden immerhin noch mit der Möglichkeit eines Rückfalls rechnen und dies im civilistischen Rechtsverkehr durch eigentümliche Kautelen und Vorsichtsmafsregeln (erwähnt bei B. Schmidt, Über einige Ansprüche etc. S. 47/8) auch deutlich zum Ausdruck bringen.

deren Frage nicht im mindesten präjudiciert[1], ob nach Lage der Dinge auch eine praktische Realisierung dieser juristisch noch existenten Befugnis zu erwarten steht.

Mit dieser letzteren Seite des Wismarer Problems wollen wir uns in den jetzt folgenden Abschnitten noch etwas näher beschäftigen. Dabei wird sich thatsächlich herausstellen, dafs eine Retrocession Wismars so unwahrscheinlich wie nur irgend möglich ist, dafs einerseits Schweden aller Voraussicht nach schon um seiner selbst willen, aus rein egoistischen Gründen, wenig Lust haben wird, den Rückerwerb der Stadt zu erstreben, und dafs andererseits Deutschland, falls die Herausgabe wider Erwarten doch verlangt werden sollte, seiner eigenen Sicherheit wegen auf die Forderung gar nicht eingehen kann. In diesem engeren Sinne verstanden, beschränkt lediglich auf praktisch-politische Gesichtspunkte, haben auch die deutschen Zeitungen gewifs nicht unrecht gehabt, wenn sie mit seltener Einmütigkeit und zum Teil in recht drastischen Ausdrücken — ein Blatt sprach z. B. kurzweg von einer politischen Harlekinade — den Antrag Hedin als jeder festen Grundlage entbehrend bezeichnet haben.

II. Wie bereits angedeutet, beginnen wir mit der Untersuchung dessen, ob der Heimfall Wismars für Schweden selbst als vorteilhaft und wünschenswert gelten kann. Das ist jedoch aus den verschiedensten Gründen, zunächst mit Rücksicht auf allgemein innerpolitische und internationale Schwierigkeiten, dann auch wegen mannigfacher Einzelbedenken in militärischer, zolltechnischer und finanzieller Hinsicht, keineswegs der Fall. In erster Linie würde Schweden zweifellos schon insofern in ernste Verlegenheit geraten, als es eintretendenfalls kaum recht wissen könnte, in welcher Form es sich seine neue Besitzung am besten

---

[1] Zum Überflufs ist auf das S. 85/86 der Schrift auch klar und deutlich zum Ausdruck gelangt.

anzufügen habe. In dieser Beziehung müssen die beiden extremen Möglichkeiten von vornherein wohl so ziemlich als ausgeschlossen gelten. Man wird bei der thatsächlich gegebenen Sachlage schwerlich daran denken dürfen, aus Stadt und Herrschaft Wismar einen selbständigen, mit dem Hauptland nur unionsmäfsig verknüpften Staat zu bilden, da das in Frage kommende Gebiet doch jedenfalls viel zu klein ist, um auch nur rein finanziell die Lasten eines überaus kostspieligen eigenen Regierungs- und Verwaltungsapparats tragen zu können. Wenn derartige Zwergstaaten, wie Liechtenstein und Monaco beweisen, sich unter Umständen doch faktisch zu erhalten vermögen, so liegen hier bekanntlich durchaus exceptionelle und eigenartige Verhältnisse vor.

Nicht minder aussichtslos erscheint auf der anderen Seite das Unternehmen, Wismar, was an sich für Schweden vielleicht relativ noch am vorteilhaftesten wäre, nach dem strengen und ungemilderten Kolonialsystem zu behandeln, d. h. es als reines Herrschaftsobjekt zu betrachten und seinen Bewohnern folglich weder eine selbständige politische Unterorganisation noch Anteil an der obersten, der centralen Regierung zu gewähren. Denn einmal würde ja selbstverständlich Deutschland bei einer etwaigen Retrocession schon von sich aus nicht dulden, dafs der an eine fremde Macht fallende Teil der Nation nun gar noch zu Staatsangehörigen minderer Klasse herabgedrückt werde; dann aber und vor allen Dingen stünde ein solches Verfahren auch in direktem Widerspruche zu bereits bestehenden rechtlichen Verpflichtungen. Die Stadt Wismar besitzt zur Zeit unter mecklenburgischer Hoheit eine überaus prononcierte Sonderexistenz[1], die zwar neuerdings, namentlich infolge der Reichsgründung, wesentliche Einschränkungen erfahren hat, die aber immerhin noch so bedeutsam und weitgehend ist, dafs man hier geradezu, freilich mehr scherzweise, von einer aufs Quadrat

---

[1] Vergl. B. Schmidt, Über einige Ansprüche etc. S. 42.

erhobenen Halbsouveränetät gesprochen hat[1]. Diese bevorrechtigte Stellung, die auf Grund zahlreicher Privilegien und Erbverträge schon im Mittelalter ausgebildet war, hatte Schweden im Westfälischen Frieden seinerseits gleichfalls als verbindlich anerkennen müssen, denn es ist hier der Cession als ausdrückliche und zeitlich nicht begrenzte Bedingung hinzugesetzt: „ita tamen, ut civitati Wismariensi privilegia sua sint salva". Es war daher, als 1803 die Rückgabe der Stadt an Mecklenburg in Frage kam, schwedischerseits auch ganz korrekt gewesen, dafs man sich durch Art. 17 des Malmöer Traktats seitens des Vertragspartners die fernere Achtung aller Gerechtsame hatte versprechen lassen; ebenso versteht es sich aber auch von selbst, dafs, falls die Stadt nochmals ihren Besitzer wechseln und an Schweden zurückgelangen sollte, nunmehr für dieses selbst wieder jene Verpflichtung in Kraft zu treten hat, dergestalt, dafs Deutschland, resp. Mecklenburg die Aufnahme einer entsprechenden Bestätigungsklausel direkt zur Bedingung für den Abschlufs des Rückgabevertrags machen darf.

Nach alledem bleibt als einzige praktisch mögliche und ausführbare Form der Angliederung Wismars an Schweden offenbar blofs dies übrig: Im Princip tritt das fragliche Territorium als völlig gleichberechtigter Bestandteil in das schwedische Gesamtgebiet ein; aufserdem ist, hierüber noch hinausgehend, der Stadt als solcher eine politische Sonderexistenz mindestens nach Mafsgabe und in dem Umfange der ihr zugesicherten Privilegien zu gewähren. Nun liegt es aber auf der Hand, welch schwere Unzuträglichkeiten, ja sogar Gefahren für Schweden selbst aus einem derartigen Zustand erwachsen müssen. Bei dem heutzutage so überaus gesteigerten und empfindlichen Nationalgefühl ist es von vornherein und für jeden Staat unangenehm genug, wenn

---

[1] Nach einer freundlichen Mitteilung des vor kurzem verstorbenen Geheimrats Georg Meyer in Heidelberg pflegte man in einer der früheren Legislaturperioden des Reichstags den Abgeordneten für Wismar (der zugleich Bürgermeister der Stadt war) den „Viertelsouverän" zu nennen.

er zu seinen Unterthanen fremdartige Volkselemente zählt, wenn in ihm einer eigentlichen Hauptnation disparate Bestandteile beigemischt sind[1]. Es mag das unter Umständen als eine nicht zu vermeidende Notwendigkeit erscheinen, wie denn z. B. Preufsen seine jetzt noch besessenen polnischen Landstriche nur um der unentbehrlichsten Grenzsicherung willen, zur Herstellung eines Zusammenhangs zwischen den schlesischen und westpreufsischen Gebietsteilen für sich verlangt hat. Hier werden dann gröfseren Vorteilen zuliebe auch die aus ihnen erwachsenden Übelstände mit in Kauf genommen; real vorhanden sind aber diese jedenfalls überall und machen sich auch stets bald genug fühlbar. Es ist überaus schwer, die richtige Mitte zu treffen zwischen unnötig erbitternder nationaler Vergewaltigung und schwächlicher, die eigenen Volksinteressen preisgebender Versöhnungspolitik. Da die letzteren doch auch der nachgiebigste Staat[2] bis zu einem gewissen Grade

---

[1] Dieser allgemeine Erfahrungssatz wird in seiner principiellen Geltung nicht dadurch aufgehoben, dafs einzelne, unhomogen gebildete Staaten gegenwärtig doch blofs mit geringen oder auch gar keinen nationalen Schwierigkeiten zu kämpfen haben. Das kommt erstens daher, dafs sich die Menschen keineswegs schon überall zu selbstbewufstem Nationalgefühl durchgerungen haben (aus diesem Grunde erklärt es sich unter anderem, warum Rufsland nur im Westen, den Deutschen, Polen und Finnen gegenüber, mit seinen schroffen Unifikationstendenzen auf Widerstand stöfst); ferner aber ist auch wohl zu beachten, dafs nationale Einheit durchaus nicht identisch ist mit natürlicher Stammes- oder Sprachgemeinschaft, vielmehr in weit höherem Mafse erzeugt wird durch jahrhundertelange Gemeinsamkeit der Geschichte, Schicksale und Bedürfnisse (das ist der Fall der Schweiz; cf. Dubs, Das öffentliche Recht der schweizerischen Eidgenossenschaft II S. 265). Vergl. für das ganze Problem die eindringenden Untersuchungen von Jellinek, Allgemeine Staatslehre, S. 104 ff.

[2] Leider hat man sich gerade in Deutschland in dieser Rolle von jeher und bei den verschiedensten Gelegenheiten besonders gut gefallen. Eine sentimentale Gefühlspolitik z. B., wie sie in § 188 der Frankfurter Reichsverfassung vom 28. März 1849 zum Ausdruck gelangt (es sollte den nicht deutschredenden Stämmen ihre ungestörte volkstümliche Entwickelung verfassungsmäfsig garantiert und damit auch der so bedenkliche Zustand für alle Zeit festgelegt werden, dafs bis gar nicht so weit vor den Thoren der Reichshauptstadt eine sich fremd im Staat fühlende, nach aufsen hin gravitierende Nation lebt), wäre so leicht in keinem anderen Lande möglich gewesen.

notwendig wahren mufs, so werden die fremden Nationen angehörenden Unterthanen von ihrem Standpunkt aus unter allen Umständen Grund zur Klage haben; sie werden ihre Aspirationen niemals vollständig befriedigt sehen und deshalb regelmäfsig zu den (offenen oder heimlichen) Gegnern der betreffenden Staatsgewalt zählen.

In dieser Weise würde nun auch Schweden nach einem etwaigen Rückerwerb Wismars sehr rasch zu empfinden bekommen, wie unendlich schwierig zur Zeit fremdartige Volksbestandteile zu behandeln sind. Hierzu kommt jedoch noch, dafs gerade in unserem Falle erschwerende Umstände, die anderwärts nicht gegeben sind, vorliegen würden. Wir haben vorhin gesehen, dafs Schweden der Stadt eine weitgehende Sonderstellung belassen müfste. In solchen Fällen aber, wo die Staatsunterthanen fremder Nationalität zu einer eigenen, wenn auch der obersten Reichsgewalt subordinierten politischen Organisation verbunden sind, wachsen die an sich schon für die Kohärenz des Gesamtgebiets vorhandenen Gefahren noch ganz beträchtlich. Denn sobald einmal eine partielle, sachlich begrenzte Trennung vom Hauptlande zugestanden ist, mufs die blofse Existenz derselben notwendig als ein Ansporn zur Erreichung der totalen Separation wirken; die naturgemäfs und eo ipso bestehenden Centrifugaltendenzen können sich innerhalb eines bereits existierenden Korporativverbands und in Anlehnung an ihn viel leichter und nachhaltiger zur Geltung bringen; es entsteht weiterhin die besonders in bewegten Zeiten gefährliche Möglichkeit fortwährender Reibungen und Friktionen zwischen den nationalen Unterbehörden und der ihnen vorgesetzten Centralregierung u. dergl. mehr. Es war daher beispielsweise auch im Interesse der Integrität des Reichsverbands durchaus richtig, dafs das englische Parlament die Gladstoneschen Homerulebills wiederholt (1886 und 1893) verwarf und es dadurch verhinderte, dafs Irland mit einer ausgedehnten Sonderorganisation ausgestattet wurde. Dafs eine solche dort, wo sie Volksteilen fremder Nationalität zugebilligt ist[1], unter Umständen recht bedenklich werden kann, haben die Engländer wenige Jahre später an einer anderen Stelle zu empfinden bekommen; ist es doch bekannt, dafs sie beim Ausbruch des Kriegs wider die Oranje- und Transvaalrepublik sich der überwiegend holländischen Kapkolonie durchaus nicht sicher fühlten und die Regierung derselben lange Zeit, sei es nun mit oder ohne Grund, beargwöhnten.

Dabei wäre noch zu beachten, dafs Schweden in der Wismarer Sache nach einer bestimmten Richtung hin in einer weit ungünstigeren Lage sein würde, als das bei den zwei eben genannten Beispielen England gegenüber der Fall war. Einen jetzt schon bestehenden souveränen Nationalstaat, der auf die irischen resp. holländischen Unterthanen des britischen Reichs eine grofse Attraktion hätte ausüben können, gab es bei dem ersten Falle gar nicht und bei dem zweiten, südafrikanischen doch nur in sehr bedingter Weise. Dagegen müfste Schweden von Anfang an mit der Thatsache rechnen, dafs seine neuerworbene Besitzung in unmittelbarer Nachbarschaft an das Gebiet des Deutschen Reiches stöfst. Die abgetretene Stadt würde daher sofort unter einer übermächtigen, jenseits der politischen Grenzen sich bethätigenden Anziehungskraft stehen; sie würde stets trauernd der Zeiten gedenken, da sie selbst noch ein integrierendes Glied des nationalen Gesamtkörpers bildete, und in immer neuer Stärke den sehnsüchtigen Wunsch einer Wiedervereinigung mit ihm in sich lebendig fühlen.

Hiermit sind wir nun bereits bei dem Punkte angekommen, wo die inneren, aus der Retrocession Wismars für Schweden entstehenden Schwierigkeiten sich mit den auswärtigen berühren. Anlangend die Gegengründe der letzteren Art, so wäre zunächst hervorzuheben, dafs, falls

---

[1] Im allgemeinen trifft das ja auf die mit selfgovernment versehenen „parts of the British Empire" nicht oder doch nur in geringerem Mafse (Kanada!) zu.

— 49 —

die Rückgabe der Stadt thatsächlich gefordert und durchgesetzt werden sollte, dieser Vorgang in der deutschen Nation sicherlich eine grofse Mifsstimmung und Abneigung gegen Schweden hinterlassen würde. Das darf dem letzteren aber durchaus nicht gleichgültig sein. Wir sind auf einen ähnlichen Gedankengang schon einmal bei einer früheren Gelegenheit zu sprechen gekommen, damals nämlich, als wir (oben S. 2) ausführten, Schweden müsse es in seinem eigenen Interesse vermeiden, durch eine unbefugte Einmischung in die nordschleswigsche Angelegenheit die Sympathien der benachbarten Grofsmacht zu verscherzen. Nun würde ja allerdings in dem jetzt behandelten Falle die Sache insofern wesentlich anders und günstiger liegen, als sich Schweden hier streng auf Geltendmachung eines ihm juristisch noch zustehenden Anspruchs beschränkt und nicht mehr, wie damals, aufserdem auch in Dinge, die es absolut nichts angehen, mit dreinzureden sucht; indes, mag sein Verfahren völkerrechtlich noch so korrekt sein, das deutsche Volk würde sich höchst wahrscheinlich einfach an die Thatsache halten, dafs auf Grund einer alten halbvergessenen Urkunde die nationale Integrität hat verletzt werden müssen, und würde den Urheber dieser Verstümmelung gewifs mit nichts weniger als freundlichen Augen ansehen. Das könnte aber Schweden bei internationalen Komplikationen[1] einmal sehr stark zu empfinden bekommen. Dabei ist nicht zu übersehen, dafs die ursprüngliche Mifsstimmung allem Vermuten nach im Laufe der Zeit nicht schwächer werden, sondern umgekehrt immer mehr anwachsen wird. So oft aus der abgetretenen Stadt die leicht vorauszusehenden Klagen über ungerechte Behandlung seitens des schwedi-

---

[1] Etwa bei der, vielleicht nicht zu vermeidenden Kriegsauseinandersetzung mit Norwegen über die Unionsfrage. In dieser Sache hat meiner Meinung nach (im Gegensatz beispielsweise zu Bernatzik, Zeitschrift für Privat- und öffentliches Recht, 26, S. 273 ff.) Schweden zwar das Recht durchaus auf seiner Seite; zu einer wirksamen Geltendmachung desselben wird es aber ohne günstige Beziehungen zu den benachbarten Grofsstaaten kaum schreiten können.

schen Oberherrn nach Deutschland herüberdringen werden, müssen sie jedesmal, gleichviel ob materiell begründet oder nicht, zu einem Anlaſs werden, aus dem die nationale Abneigung neue Nahrung zieht.

Aber mehr noch, unter den gegebenen Umständen müſste Schweden auch darauf gefaſst sein, mit der amtlichen Reichsregierung fortwährend in Verwicklungen und Konflikte zu geraten. Denn diese würde oft gleichfalls nicht umhin können, sich der Beschwerden Wismars anzunehmen und zu Gunsten der Stadt bei dem schwedischen König zu intervenieren. Die völkerrechtliche Befugnis zu derartigen Schritten würde dem Deutschen Reiche jedenfalls nie mangeln. Haben wir doch vorhin bereits konstatiert, daſs es bei Abtretung der Stadt eine ausdrückliche Zusicherung des Inhalts von Schweden verlangen darf, daſs dieses die politische Sonderexistenz Wismars auch in Zukunft ungeschmälert aufrecht erhalten wolle. Da nun aber die letztere wegen ihres mittelalterlichen Ursprungs für modern-staatsrechtliche Begriffe keineswegs überall klar feststeht, im Gegenteil vielfach recht undeutliche und flieſsende Grenzen aufweist, so würde auch bei den verschiedensten Hoheitsakten der schwedischen Regierung sich behaupten lassen, es liege hier die Verletzung einer vertragsmäſsig übernommenen Pflicht vor.

III. Soviel über die Gründe allgemeiner Natur, warum der Besitz Wismars für Schweden durchaus nicht als vorteilhaft und begehrenswert erscheinen kann, vielmehr umgekehrt wegen der aus ihm entspringenden internen und auswärtigen Schwierigkeiten notwendig zu einem Moment der Schwäche werden müſste[1]. Dazu gesellen sich nun

---

[1] Im Anschluſs hieran mag noch eine besondere Eventualität kurze Erörterung finden. Der Anspruch Schwedens geht an sich zweifellos auf vollständige Abtretung des fraglichen Territoriums: so wenig wie der ursprüngliche Schuldner Mecklenburg darf sich auch das Reich seinerseits rechtlich weigern, auf die zur Zeit ihm zustehenden Herrschaftsbefugnisse zu verzichten (vergl. die Ausführungen S. 21 ff.). Daran ändert absolut

noch einige Bedenken von mehr speciellem Charakter. Wie an Preufsens Beispiel gelegentlich schon gezeigt wurde, kann ein Staat unter Umständen zur Aufnahme fremder

nichts der Umstand, dafs Wismar früher einen Bestandteil des Heiligen Römischen Reichs bildete, denn weder erscheint der heutige Bundesstaat als Rechtsnachfolger des Deutschen Bundes noch dieser als Successor des alten Reichs (cf. G. Meyer, Deutsches Staatsrecht, 5. Aufl., S. 96, 163). Trotz dieses principiellen Sachverhalts wäre es aber natürlich sehr gut möglich, dafs Schweden zur Vermeidung aller Komplikationen und Unzuträglichkeiten freiwillig sich erböte, Wismar auch nach erfolgter Einlösung nicht gänzlich vom Reiche abzutrennen, vielmehr dem letzteren selbst wieder als Mitglied für die zurückgewonnene Besitzung beizutreten. Es fragt sich nun, ob man deutscherseits Anlafs hätte, auf einen derartigen Vorschlag einzugehen. Das ist, so bestechend er für den ersten Augenblick wohl klingen mag, in Wahrheit durchaus nicht der Fall. Der Zustand, dafs innerhalb des alten Reichs auch auswärtige Mächte gröfsere oder kleinere Territorien besafsen, hat sich seiner Zeit als so unheilvoll erwiesen, dafs die Wiederkehr ähnlicher Verhältnisse um jeden Preis verhindert werden mufs. Wie damals, würden auch heutzutage die Interessen des deutschen Nebenlandes hinter denjenigen des fremden Hauptlandes eo ipso weit zurückstehen; den Einflufs, den das letztere innerhalb des Reichs gewänne, würde es fortwährend blofs zu seinem Vorteil zu verwerten trachten; die sekretesten Dinge, die man dem betr. Staate schon wegen seiner Teilnahme am Bundesrat gar nicht vorzuenthalten vermöchte, wären nicht mehr davor sicher, im Interesse des Auslandes ausgenutzt zu werden: kurz, es würden eben vollständig die alten Zeiten nochmals aufleben, in denen beispielsweise der Kurfürst von Sachsen bei Leibe nicht deutsche, auch nicht einmal partikularistisch-sächsische, sondern ganz einfach polnische Politik trieb, der hannoversche ebenso englische, der Herzog von Holstein dänische u. s. w. u. s. w. Nach einer Neuauflage dieser Misère wird aber gegenwärtig wohl so leicht niemand mehr Verlangen tragen. Freilich ist es noch gar nicht so lange her, dafs gegenteilige Ansichten litterarisch ausgesprochen und verteidigt wurden. So erklärte z. B. Constantin Frantz nach 1870 und 1871 (in den Schriften: „Naturlehre des Staates" und „Das neue Deutschland". Vergl. von der ersten u. a. S. 177, 387 ff., 431; von der zweiten S. 380, 402 ff., 441) es für ein schweres Unglück, dafs der Deutsche Bund, an dem bekanntlich ebenfalls fremde Staaten genug beteiligt waren, aufgelöst und damit ein „mitteleuropäischer Knoten", ein „allgemeines Vermittlungsglied" im Interesse des „Nationalitätsschwindels" (!) frevelhaft zerstört worden sei. Wie wenig man auf den politischen Scharfblick dieses (im übrigen manchmal ganz brauchbare und gute Ideen äufsernden) Schriftstellers zu geben hat, das wird wohl zur Genüge dadurch bewiesen, dafs er in dem erstgenannten Werk auch den baldigen, mit unaufhaltsamen Schritten herannahenden Zerfall des Norddeutschen Bundes voraussagt, wenige Monate, ehe dieser zum neuen Reich erweitert und vervollständigt werden sollte. Dieses kleine Malheur hat freilich auf Frantz selbst so wenig Eindruck gemacht, dafs er in der zweiten Schrift unentwegt weiter prophezeit, nun müsse der Zersetzungsprocefs erst recht schnell von statten gehen.

Volkselemente aus Rücksichten anderer Art geradezu gezwungen sein, namentlich dann, wenn er nur auf diesem Wege eine leidlich brauchbare, strategisch nicht von vornherein haltlose Grenzlinie zu gewinnen vermag. Solche und ähnliche Gründe können aber in unserem Falle nicht im mindesten in Betracht kommen. Unter den heutigen Verhältnissen hat die Stadt Wismar die Bedeutung, die sie, als notwendiges Verbindungsglied zwischen Bremen-Verden und Schwedisch-Pommern, in früheren Zeiten wirklich besaſs, vollständig verloren; sie ist für die Verteidigung des schwedischen Hauptlandes durchaus wertlos und würde, was sie selbst betrifft, militärisch ganz in der Luft schweben. Eine derartig isoliert liegende, von dem übrigen Staatsgebiet durch das Meer getrennte Besitzung darf, besonders wenn sie von einer anderen Nation bewohnt wird, nur dann als einigermaſsen gesichert gelten, wenn sie mit Befestigungen versehen und im Rücken durch eine leistungsfähige Flotte gedeckt ist. Beide Voraussetzungen treffen hier nicht zu. Die schwedische Kriegsflotte ist gegenwärtig zum ausreichenden Schutze überseeischer Territorien bei weitem nicht stark genug, und Fortifikationen dürfen in Wismar überhaupt nicht angelegt werden. Wir haben S. 22 erwähnt, daſs Mecklenburg in dem Malmöer Vertrag auf jede Befestigung Wismars hat Verzicht leisten müssen. Diese Verpflichtung ist ihm aber von seiten Schwedens nur deshalb auferlegt worden, weil letzteres selbst „durch eine, mit einer anderen Macht vor Zeiten eingegangene und noch bestehende Vereinbarung" (Art. 15 des Traktats) entsprechend gebunden war. Es versteht sich nun von selbst, daſs, falls die Stadt an ihren Vorbesitzer zurückgelangen sollte, das (auf unbegrenzte Zeit ausgesprochene) Befestigungsverbot wieder diesem gegenüber Bedeutung erlangen würde, mit anderen Worten, Schweden sähe sich rechtlich völlig auſser stande, seine neue Besitzung in der allein wirksamen Weise zu sichern, und müſste dieselbe bei jeder kriegerischen Verwicklung so gut wie widerstandslos seinen Feinden (zu denen aus den früher angedeuteten Gründen möglicherweise auch Deutschland gehören würde) überlassen.

Eine fernere Schwierigkeit, die ebenfalls aus der ungünstigen geographischen Lage Wismars resultiert, würde sich für Schweden in zolltechnischer Beziehung ergeben. Die Stadt ist mit ihrem Aus- und Einfuhrhandel sowie im Interesse ihrer gar nicht so unbedeutenden Industrie vollständig auf das Deutsche Reich als ihr natürliches Hinterland angewiesen; Schweden wäre deshalb genötigt, sie wirtschaftlich in möglichst enger Verbindung mit dem letzteren zu belassen[1]. Sobald der Versuch gemacht würde, die Stadt durch schwer zu passierende Zollschranken von dem Deutschen Reiche ab- und dem schwedischen Hauptlande anzu-

---

[1] Das würde natürlich am einfachsten und leichtesten in der Weise zu erreichen sein, dafs Wismar auch nach erfolgter Cession im deutschen Zoll- und Handelsgebiet verbliebe. Dieses Auskunftsmittel könnte wohl auch deutscherseits ohne Schwierigkeit acceptiert werden; mindestens unterliegt es nicht entfernt solchen Bedenken, wie sie der ferneren Teilnahme Wismars an dem gesamten politischen Reichsverband entgegenstehen. Vorauszusetzen wäre dabei allerdings, dafs Schweden ein eigenes Mitbestimmungsrecht in Zollangelegenheiten ebensowenig erhielte, wie es den heute schon im deutschen Zollgebiet enthaltenen auswärtigen Territorien (Grofsherzogtum Luxemburg, österreichische Gemeinden Jungholz und Mittelberg; cf. Laband, Reichsstaatsrecht, 3. Aufl., II, S. 858/9) eingeräumt ist, dafs es vielmehr gleich den letzteren die einseitig vom Reich erlassenen Anordnungen einfach hinzunehmen hätte. Aufserdem wäre wohl noch empfehlenswert, die Aufnahme der Stadt immer nur für kurze Zeit vertragsmäfsig zuzugestehen. Wird sie nämlich gleich auf lange hinaus bewilligt, so beraubt sich Deutschland Schweden gegenüber selbst des vorzüglichen Pressionsmittels, welches aus der Thatsache folgt, dafs zwar Wismar unbedingt den Zollverein (ich behalte der Kürze wegen diesen, sachlich ja antiquierten, Ausdruck bei), nicht aber der Zollverein auch Wismar braucht. Welch sichere Wirkungen mit Hilfe des wirtschaftlichen Angewiesenseins auf diesen zu erzielen sind, das hat die Geschichte des Zollvereins von ihren Anfängen bis zur Konstituierung des Reichsverbandes als solchen deutlich bewiesen: wie gleich zu Beginn der Fürst von Schwarzburg-Sondershausen wohl oder übel seinen Anschlufs an Preufsen vollziehen mufste (cf. Treitschke, Deutsche Geschichte im 19. Jahrhundert, II, S. 625 ff.), so war noch 1867 eine entschiedene Erklärung Bismarcks (Reichstagssitzung vom 26. Oktober), der Norddeutsche Bund werde die ökonomische Gemeinschaft nur mit den Staaten fortsetzen, die auch bez. der Wehrkraft eine gewisse Verbindung acceptierten, völlig ausreichend, um die in einigen süddeutschen Ländern aufgetauchte Opposition gegen die 1866 er Schutz- und Trutzbündnisse mit Preufsen so ziemlich verstummen zu lassen (vergl. hierzu Klöppel, Dreifsig Jahre deutscher Verfassungsgeschichte, Bd. I (1900), S. 160 ff.).

schliefsen, so müfste das erstens ganz sicher die an sich schon in Wismar vorauszusetzende Mifsstimmung noch wesentlich steigern; dann aber würde höchst wahrscheinlich auch rein fiskalisch gefafst das Ergebnis ein recht ungünstiges sein. Selbst angenommen, dafs auf diesem Wege in der That noch ein Gewinnüberschufs zu erzielen wäre, so würde er jedenfalls unter den obwaltenden Umständen (allzu hohe Zollsätze verbieten sich hier eben eo ipso und ganz von selbst) ein ziemlich geringer sein; möglicherweise würden aber die Einnahmen nicht einmal zur Unterhaltung des umfänglichen und kostspieligen Grenzzollapparats ausreichen.

Sollte die letztangedeutete Eventualität thatsächlich eintreten, so würde damit nach einer speciellen Richtung hin blofs der allgemeine Erfahrungssatz bestätigt werden, nach welchem entlegene Besitzungen kleiner und nicht besonders kapitalkräftiger Staaten überhaupt und in der Gesamtheit ihrer Beziehungen finanziell mehr zu kosten wie einzubringen pflegen[1]. Von der Richtigkeit desselben hat sich auch gerade Schweden insofern zur Genüge praktisch überzeugen können, als die früher von ihm besessene westindische Insel St. Barthélemy einen regelmäfsigen Zuschufs vom Mutterlande erforderte, so dafs dieses schliefslich vorzog, sich der uneinträglichen Kolonie ganz zu entledigen[2]. Es ist aber kaum anzunehmen, dafs man mit Wismar wesentlich bessere Erfahrungen machen würde. Von der voraussichtlichen Unergiebigkeit einer der allerwichtigsten Einnahmequellen, der

---

[1] Übrigens haben ähnliche Erwägungen schon bei den Verhandlungen vor Abschlufs des Malmöer Vertrags eine gewisse Rolle gespielt. Als nämlich Mecklenburg die zuerst für Wismar geforderte Summe, besonders mit Rücksicht auf die Höhe der laufenden Verwaltungskosten, viel zu grofs fand, da wies Schweden darauf hin, dafs die letzteren für einen in der Nähe residierenden Landesherrn sicher viel geringer werden würden. Cf. Lundin, Wismars Pantsättande S. 9.
[2] Sie wurde im Jahre 1878 an Frankreich abgetreten. Vergl. Aschehoug, Staatsrecht der vereinigten Königreiche Schweden und Norwegen (in Marquardsens Handbuch des öffentlichen Rechts, IV, 2, 2) S. 31.

aus Zöllen, haben wir soeben schon gesprochen; allem Vermuten nach würde aber die gleiche Erscheinung auch noch anderwärts hervortreten. Man darf bei Betrachtung der finanziellen Verhältnisse nicht aufser acht lassen, dafs nach erfolgter Abtretung der Stadt zweifellos eine umfängliche Auswanderung der Bewohner nach Deutschland zu erwarten wäre. Und zwar würde dieselbe sicherlich gerade die reicheren und steuerkräftigeren Klassen vorwiegend betreffen, so dafs Schweden zuletzt vielleicht in der Hauptsache nur ärmere Unterthanen noch übrig behielte, für die es dann unter Umständen noch bedeutende finanzielle Opfer zu bringen hätte.

IV. Die vorstehend gegebene Aufzählung der Gründe, warum für Schweden selbst ein Rückerwerb Wismars weit mehr Unannehmlichkeiten und Gefahren wie wirklichen Vorteil mit sich bringen müfste, mag vielleicht nicht vollständig sein, sondern sich nach verschiedenen Richtungen hin noch ergänzen lassen; immerhin sind aber die wichtigsten wohl bereits genannt, und so soll es bei diesen sein Bewenden haben. Auf jeden Fall sind schon sie bedeutsam und schwerwiegend genug, um Schweden zu einer ernsten Prüfung der Frage zu veranlassen, ob es im eigenen Interesse die Herausgabe der Stadt 1903 verlangen darf. Gegen die Rätlichkeit einer solchen Forderung liegt nun aber aufserdem noch insofern ein ganz besonderes und nicht zu übergehendes Moment vor, als Schweden für die Erwerbung eines Besitzes von solch zweifelhaftem Werte eine gewaltige Geldsumme bezahlen müfste. Hiermit kommen wir zu dem letzten Punkte, den wir in dem ganzen Abschnitt zn besprechen haben.

Es ist seinerzeit dargelegt worden, dafs die ursprüngliche, dem schwedischen König von Mecklenburg dargeliehene Summe sich auf $1^1/_4$ Millionen Reichsthaler Hamburger Banko belief, und dafs für dieselbe 3 % Zinseszins berechnet werden sollten. Es fragt sich nun, bis zu welcher Höhe der Schuldbetrag an dem eventuellen Verfalltage, am 26. Juni 1903 angewachsen ist. Wird hierbei die von Haus aus zu Grunde gelegte Münzeinheit einstweilen beibehalten, so ergeben sich als Schlufssumme rund 24 Millionen, die nun noch in das heutzutage gangbare Geld umzurechnen wären. Dafür ist zunächst zu beachten, dafs der Reichsthaler Hamburger Banko nicht etwa eine zu Beginn des 19. Jahrhunderts wirklich geprägte Münze war, sondern lediglich eine feste Rechnungsvaluta darstellte, nach welcher man in der alten Hansestadt ein für alle Mal, unabhängig von den damals oft schwankenden und aufserdem sehr mannigfachen Währungsverhältnissen, Bankkonten anzulegen und fortzuführen pflegte[1]. Dem fiktiverweise in ihm enthaltenen Gewicht von Edelmetall nach verhielt er sich zu unseren jetzigen Thalermünzen fast genau[2] wie 3 zu 2, d. h. einem Reichsthaler Hamburger Banko kommen erst 1½ von letzteren gleich, so dafs in ihnen ausgedrückt Schweden nicht blofs 24, sondern 36 Millionen zu zahlen hätte. Setzen wir nun weiterhin diese noch in die zur Zeit übliche Reichswährung um, so haben wir, da ja der Silberthaler heutzutage gleich 3 Mark ist, noch mit 3 zu multiplicieren und erhalten so schliefslich als die von Schweden geschuldete Summe einen 100 Millionen Mark wesentlich übersteigenden Betrag[3].

Bei dieser Kalkulation ist ja nun allerdings vorläufig ein an sich recht wesentliches Moment unberücksichtigt ge-

---

[1] Die Rechnungsart hat noch lange Zeit, bis zum Jahre 1873, in praktischem Gebrauch gestanden.
[2] In Wirklichkeit war sein Wert noch um eine Kleinigkeit höher.
[3] Genauer berechnet handelt es sich um 107 744 600 Mark. Nach der gewöhnlichen Annahme sollen es allerdings mehr wie 108 Millionen sein. Dabei wird jedoch aufser acht gelassen, dafs Schweden nicht für volle 100 Jahre Zinsen zu vergüten braucht. Nach Art. 4 des Malmöer Vertrags soll nämlich der Lauf derselben nicht vor dem Tag des Austausches der Ratifikationsurkunden beginnen, und da nun dieser Akt erst am 15. August 1803 stattgefunden hat (cf. Lundin a. a. O. S. 71. Die einseitigen Ratifikationserklärungen waren schon bedeutend früher, und zwar 19. Juli seitens des Königs, am 26. Juli seitens des Herzogs abgegeben worden), so bleiben in Wahrheit nur 99 Jahre 10 Monate 11 Tage übrig. Praktisch hat natürlich diese Differenz nicht allzu viel auf sich.

blieben. Das Darlehen, welches hier in Frage kommt, ist zu einer Zeit aufgenommen, in der in Deutschland die reine Silberwährung herrschte, und es soll zur Rückzahlung gelangen, nachdem letztere hier durch die Goldwährung ersetzt worden ist. Darf nun unter diesen Umständen Schweden nicht verlangen, von der inzwischen eingetretenen enormen Entwertung des weifsen Metalls zu profitieren? In der That hat man das verschiedentlich behauptet und ist auf diesem Wege zu einer beträchtlichen Herabsetzung der oben genannten Endsumme, teilweise bis zur Verminderung um die volle Hälfte gelangt. Man wird auch zugestehen können, dafs der hierin zum Ausdruck kommende Gedanke an sich ein durchaus berechtigter und sachgemäfser ist; damit ist jedoch noch lange nicht die ganz andere Frage entschieden, ob er im internationalen Verkehr auch wirksame Formulierung, wahrhaft juristische Anerkennung gefunden hat.

Für die intern-staatlichen Rechtsordnungen mag eine entsprechende Norm, wiewohl es auch hier mindestens an der ausdrücklichen Festsetzung oft genug mangelt, vielleicht weitgehend zu konstatieren sein; das liefse aber bei der principiellen Selbständigkeit des Völkerrechts noch gar keinen Rückschlufs auf letzteres zu. Man hat zwar lange Zeit geglaubt[1], einer von den vielen, an sich vorhandenen civilistischen Ordnungen, nämlich dem römischen Recht[2], auch für internationale Beziehungen ohne weiteres die Rolle einer subsidiären Rechtsquelle zuschreiben zu dürfen. Das war jedoch, wie heutzutage so ziemlich allgemein anerkannt wird, eine durchaus haltlose Behauptung. Jeden Satz, der wahrhaft völkerrechtliche Wirksamkeit besitzen soll, den müssen unbedingt erst die Staaten von sich aus, sei es nun expressis verbis, vermöge Rechtssatzungsvertrags, oder durch

---

[1] Vergl. hierzu u. a. die Ausführungen von Triepel, Völkerrecht und Landesrecht S. 212 ff.
[2] Nebenbei gesagt würde gerade dieses für die uns interessierende Frage nur sehr wenig Ausbeute gewähren. Cf. Arndts, Pandekten, 11. Aufl., § 205 Anm. 6 (S. 374).

konkludente Handlungen, mit derselben bekleiden. Dabei macht es nicht den geringsten Unterschied, ob es sich um Schaffung von Rechtsregeln ganz originären Inhalts oder, wie in unserem Falle, um eine einfache Reception anderwärts schon gegebener Normen handelt. Demgemäſs müſste also, da eine ausdrückliche Statuierung hier ganz gewiſs nicht stattgefunden hat, wenigstens eine gröſsere Anzahl von internationalen Präcedenzfällen nachgewiesen werden, auf Grund deren man zu der Annahme gelangen könnte, gegenwärtig sei auch in das Völkerrecht durch langdauernde gewohnheitsmäſsige Übung der Satz aufgenommen: „Bei einer späteren Änderung der Währungsverhältnisse hat der Schuldner in dem zur Zahlungszeit gesetzlich vorgeschriebenen Metall nur diejenige Summe zu leisten, die dem zur Entstehungszeit der Obligation ins Auge gefaſsten Betrage andern Metalls an Werte gleichkommt." Ein solcher Nachweis wird sich nun meines Erachtens schwerlich in genügender und überzeugender Weise führen lassen. Sobald er aber nicht zu erbringen ist, darf auch in einem praktisch vorkommenden Einzelfalle die eine Partei nicht, bloſs unter Berufung auf streng innerstaatliche Rechtsnormen[1], von der anderen juristisch verlangen, die letzteren ohne weiteres als auch für sich verbindlich anzuerkennen; vielmehr liegt dann hier eine Sache vor, für welche das objektive Völkerrecht im voraus keine Festsetzung enthält, und die daher in concreto erst durch freie vertragsmäſsige Einigung entschieden werden kann.

Hieraus ergiebt sich, daſs der Anspruch Schwedens, von Mecklenburg eine entsprechende Herabsetzung der vorhin genannten Summe von über 100 Millionen Mark zu fordern, schon an und für sich auf recht unsicherer und anfechtbarer Grundlage beruht. Indes nehmen wir wirklich

---

[1] Und zu diesen gehört namentlich das einschlagende Hamburger Gesetz vom 11. Nov. 1872 (vergl. bes. § 7) ebenfalls. Der speciellere Nachweis, warum für Verhältnisse rein unter Staaten auch das letztere in keiner Weise maſsgebend sein kann, würde zu weit abführen und soll deshalb, an diesem Orte wenigstens, unterbleiben.

einmal an, im allgemeinen befinde sich jener Rechtssatz in durchaus unbestrittener Geltung: dann läfst sich immer noch vielleicht bezweifeln, ob Schweden gerade in dem vorliegenden Specialfalle viel Vorteil daraus ziehen könnte. Die hauptsächlichste und recht eigentlich charakteristische Befugnis, die bei bestehender Silberwährung dem Schuldner eingeräumt ist, nämlich dafs er sich seiner Verpflichtung durch Zahlung von Silber gültig entledigen darf, und dafs der Gläubiger solches, der fragliche Betrag mag im übrigen so hoch sein, wie er wolle, unbedingt annehmen mufs, die ist Schweden auch nach der heutigen Rechtslage keineswegs völlig entzogen, sondern blofs äufserlich etwas eingeschränkt. Denn nach dem Reichsmünzgesetz vom 9. Juli 1873, welches in dieser Beziehung auch durch die letzte Novelle aus dem Jahre 1900[1] keine Änderung erfahren hat, sind von den früheren Landessilbermünzen die in das neue Geldsystem einstweilen herübergenommenen Thaler als gesetzliches Zahlmittel den Reichsgoldmünzen durchaus gleichgestellt; selbst die gröfsten Summen können in ihnen noch zu nicht zu verweigernder Annahme offeriert werden. Es ist daher u. a. auch Schweden, wenn es ihm Spafs macht, den früheren Tilgungsmodus seiner Schuld beizubehalten, völlig berechtigt, die Zahlung in Reichsmark deutscher Goldwährung zu verweigern und dafür Mecklenburg 36 Millionen Stück Thaler anzubieten.

Die hat es nun freilich selbst nicht, darf sie sich auch nicht etwa seinerseits im Wege der Nachprägung zu verschaffen suchen, da dies einen unbefugten Eingriff in die ausschliefsliche

---

[1] Gesetz vom 1. Juni 1900. In Art. 4 desselben wird zwar der Übergang von der hinkenden zur reinen Goldwährung vorbereitet, in der Weise, dafs die Thaler nach und nach eingezogen und zu Reichssilbermünzen umgeprägt werden sollen; ganz unangetastet bleibt aber dabei einstweilen (bis zur vollständigen Durchführung der Umschmelzung werden nach ungefähren Schätzungen noch 10—12—15 Jahre vergehen) die gesetzliche Zahlkraft, der Zwangskurs der jeweils noch übrigen Thaler. Übrigens bedeutete auch jene Bestimmung im Vergleich mit dem bisherigen Zustand (cf. Art. 4 Abs. 2 des Münzgesetzes von 1873, auch Art. 8 u. 15) keine principielle Neuerung, sondern blofs eine gröfsere Sicherstellung und Beschleunigung des künftigen Verschwindens der Thaler.

Hoheitssphäre eines anderen Staats bedeuten würde [1]. Wohl aber kann es dieselben von jemand anderem erhalten, der sie noch in grofsen Mengen hat und sich dieses seines Besitzes voraussichtlich sehr gern entledigen wird, das ist das Reich selber, resp. die Reichsbank [2]. Bei dem grundsätzlichen Übergang von der Silber- zur Goldwährung behielt naturgemäfs Deutschland seiner Zeit grofse Quantitäten des weifsen Metalls übrig, für die es selbst keine Verwendung mehr hatte und die deshalb grofsenteils an das Ausland zu dem damals noch hochstehenden Silberpreise veräufsert wurden. Leider sind nur diese Silberverkäufe, im Anschlufs namentlich an die vorhin erwähnte Beibehaltung der Thaler, zu frühzeitig eingestellt worden, so dafs das Reich, als auf dem Weltmarkt der Preis des Silbers immer tiefer sank, noch grofse Mengen davon besafs und also seinerseits ebenfalls bedeutende Verluste an ihm erlitt. In der Wismarer Angelegenheit böte sich nun einmal die Möglichkeit, diese Einbufsen wenigstens nachträglich und partiell auf Kosten des Auslands wieder wett zu machen. Falls nämlich Schweden thatsächlich darauf ausgehen sollte, sich die erforderliche Anzahl von Thalerstücken zu verschaffen, so könnte es das mit Aussicht auf Gewinn von vornherein nur beim Reich als

---

[1] Vergl. beispielsweise Martens, Völkerrecht, I, S. 306. Ganz verfehlt ist allerdings die theoretische Ableitung dieser Pflicht aus den sog. Grundrechten der Staaten, insbesondere aus dem auf Achtung und Ehre. Wie Jellinek, System der subjektiven öffentlichen Rechte S. 302 ff., überzeugend darthut, hat man diese ganze internationalrechtliche Kategorie am besten völlig zu streichen. Der hiergegen von Heilborn (System des Völkerrechts S. 279 ff.) gemachte Versuch, die Grundrechte mindestens zum Teil zu retten, erscheint wenig glücklich.

[2] Bei den Verhandlungen über die Münznovelle von 1900 wurde wiederholt und von den verschiedensten Seiten darauf aufmerksam gemacht, dafs gerade die Thaler sich grofsenteils nicht in regelmäfsigem Umlauf befänden, sondern immer und immer wieder an die Reichsbank zurückflössen. Der Vorrat der letzteren an solchen wurde damals auf fast die Hälfte aller überhaupt noch existierenden Thaler geschätzt. Vergl. u. a. die Ausführungen des Präsidenten des Reichsbankdirektoriums Koch, des Berichterstatters Abgeordneten Speck, des Staatssekretärs des Reichsschatzamts v. Thielmann, des Abgeordneten Büsing; Stenographische Berichte über die Verhandlungen des Reichstags, X. Legislaturperiode, I. Session 1898—1900, 4. Bd. S. 3209, 6. Bd. S. 4610, 4617, 4618.

solchem versuchen[1]. Selbstverständlich käme es aber auch bei diesem rein auf sein eigenes Belieben an, ob es die noch vorhandenen Thalerbestände[2] zu einem herabgesetzten, dem jetzigen realen Silberwert entsprechenden Preise dem fremden Käufer überlassen will oder nicht; es darf ebenso gut auch Bezahlung nach dem vollen Goldnennwert fordern. Sobald es das wirklich thut oder, bei ganz besonderer Kulanz, doch nur eine geringfügige Ermäfsigung (etwa $^1/_3$ % Rabatt, 1 Pfennig auf den Thaler) zugesteht, würde sich offenbar Schweden durch seine finanzielle Transaktion zwar die formelle Genugthuung verschaffen, an seinen Gläubiger in dem früher gültigen Modus, nur in Silber, zu zahlen, dagegen materiell hiermit gar nichts oder bestenfalls herzlich wenig profitieren. Ausdrücklich hervorzuheben ist dabei noch, dafs mit alledem für Reich und Reichsbank selber ein unmittelbarer Nutzen (durch dauernde Verminderung ihres unterwertigen Silbergeldbestandes) nicht zu erzielen wäre. Denn da Mecklenburg die erhaltenen Thaler natürlich sofort wieder in Umlauf setzen, namentlich auch seine finanziellen Verpflichtungen dem Reich als solchem gegenüber mit ihnen decken würde, so müfsten die im Verkehr nicht unbedingt gebrauchten Stücke nach und nach doch wieder ausgeschieden werden und sich von neuem bei der Reichsbank aufsammeln. Sehr wesentlich wäre dagegen der indirekte Vorteil, insofern als der deutsche Gesamtstaat durch sein Verhalten einem seiner Glieder bedeutenden Ge-

---

[1] Von allen sonstigen Thalerbesitzern würde ja eo ipso niemand daran denken, seine Münzen, die doch innerhalb des Reichs überall, in letzter Instanz auch von diesem selbst, voll für 3 Mark Gold angenommen werden, billiger an das Ausland abzugeben.

[2] Der Gesamtbetrag derselben läfst sich natürlich nicht ganz genau ermitteln und wird daher im einzelnen verschieden angegeben. Beispielsweise im Reichstag wurde 1900 die in Thalern noch existierende Summe gelegentlich auf 400 Millionen Mark veranschlagt. Wenn nun auch gerade diese Schätzung wahrscheinlich beträchtlich zu hoch ist, so ist doch unter allen Umständen so viel sicher, dafs der Bedarf Schwedens völlig gedeckt werden könnte, ohne dafs man in Deutschland erst nötig hätte, zu dem Auskunftsmittel von Neuprägungen zu greifen.

winn verschafft hätte, d. h. jemandem, dessen Nutzen notwendig stets auch ihm selbst zugute kommt. —
Gegen die ganze Behandlung, die die finanzielle Seite der Wismarer Angelegenheit hier erfahren hat, wird man wahrscheinlich einwenden, dafs, falls ähnliche Principien thatsächlich zur Anwendung gelangen sollten, die Handlungsweise Deutschlands nicht gerade sehr fair sein, der Billigkeit und dem internationalen Anstand wenig entsprechen würde. Das soll rückhaltlos zugestanden werden. Indes vom strengen Rechtsstandpunkt aus liefse sich die absolute Unzulässigkeit derselben wohl schwerlich vollüberzeugend darthun, und gerade in dem vorliegenden Falle hätte Deutschland wahrlich alle Ursache, sich von vornherein nur auf diesen zu stellen, denn schliefslich — eine Liebe ist der anderen wert. Wenn Schweden es unternimmt, auf Grund seiner rein formell allerdings noch fortbestehenden, sachlich aber zur modernen Staats- und Volksentwicklung schlecht genug passenden Ansprüche Wismar von Deutschland herauszuverlangen, dann mufs es auch darauf gefafst sein, dafs ihm gegenüber alle sich irgendwo bietenden juristischen Chancen voll ausgenutzt werden.

Praktisch vermag ich übrigens der Streitfrage, ob Schweden 1903 eine gröfsere oder geringere Summe zu zahlen hat, recht wenig Bedeutung beizumessen. Wie dieser ganze dritte Abschnitt ergeben hat, kann der Besitz Wismars schon an sich und aus den verschiedensten Gründen für Schweden durchaus nichts Verlockendes haben; für eine solch zweifelhafte Acquisition pflegt man aber im allgemeinen 50 Millionen Mark ebensowenig anzulegen wie 100. Es ist daher auch kaum anzunehmen, dafs bei der 1903 zu erwartenden Definitivregulierung der Angelegenheit die Frage nach dem Umfang der finanziellen Zahlungspflicht Schwedens irgendwelche Rolle spielen wird.

Vierter Abschnitt.

Die politische Unmöglichkeit einer Rückgabe Wismars durch Deutschland.

———

1. Durch die zuletzt gegebenen Ausführungen darf jedenfalls schon das eine als festgestellt gelten, dafs Deutschland nicht eben mit übermäfsigen Besorgnissen dem 26. Juni 1903 entgegenzusehen braucht. Wir haben gezeigt, dafs Schweden von seinem Standpunkt aus den Rückerwerb Wismars weit eher zu fürchten als zu wünschen Anlafs hat, und dafs man also mit ziemlicher Gewifsheit darauf rechnen kann, es werde nicht zur praktischen Ausübung seiner territorialen Ansprüche schreiten.

Dafs die Sache thatsächlich diese Entwicklung nehmen wird, dafür liegen gerade neuerdings sehr wesentliche Anzeichen schwedischerseits vor. Hierher ist vor allen Dingen zu rechnen die Haltung, welche die Regierung dem Antrag Hedin gegenüber einnahm. Es ist bereits gelegentlich davon gesprochen worden, dafs der Minister des Auswärtigen, v. Lagerheim, bei den Verhandlungen des Reichstags direkt eine Pflicht Schwedens, wenn auch nur moralischer Art, anerkannt hat, die Stadt Wismar Mecklenburg nicht streitig zu machen. Er hat damals, zweifellos im vollsten Einverständnis mit dem König, des weiteren auch noch den hier betonten Gesichtspunkt kurz gestreift, dafs man im Interesse des eigenen Landes nicht an eine praktische Geltendmachung der alten Ansprüche denken dürfe, sondern besser

Deutschland im unangefochtenen Besitz des fraglichen Territoriums zu lassen habe. Vom Reichstage seinerseits sind alle diese Erklärungen mit lebhaftem Beifall aufgenommen worden; auch hat derselbe in beiden Kammern den Antrag Hedin mit grofser Majorität abgelehnt, ohne von sich aus die Anregung zu einer andersartigen Verwertung der Wismarer Ansprüche zu geben. Mit dieser Behandlung der Angelegenheit steht endlich noch vollständig im Einklange die Beurteilung, welche die schwedische Presse dem Hedinschen Projekt überwiegend hat zu teil werden lassen: auch diese war sich in ihren besonneneren Organen ganz darüber einig, dafs eine Wiedereinlösung Wismars im Ernste schwerlich in Frage kommen könne [1].

Indes, so erfreulich und angenehm das alles für Deutschland zweifellos ist, volle Sicherheit hat das letztere damit noch keineswegs gewonnen, denn ein ausdrücklicher, inter-

---

[1] Wegen dieser augenblicklich günstigen Stimmung in Schweden wäre es vielleicht ganz angebracht, wenn Deutschland bei der endgültigen Erledigung der Wismarer Sache gleich auch den formellen Verzicht auf einen anderen, noch weit älteren Territorialanspruch zu erreichen suchte. Dieser betrifft das Herzogtum Hinterpommern, dessen Erwerb der schwedischen Krone durch den Westfälischen Frieden in Form der „investitura simultanea" (Instr. pac. Osnabr. Art X § 4) für den Fall des Aussterbens des brandenburgischen Mannesstammes zugesichert wurde. Die heutige Rechtsgültigkeit dieses Anspruchs erscheint selbst dann noch nicht als beseitigt, wenn man mit G. Meyer (Deutsches Staatsrecht, 5. Aufl., S. 244) kaiserlichen Gesamt- und Eventualbelehnungen jede fortdauernde Wirksamkeit abspricht (doch wird auch die gegenteilige Meinung vielfach noch, meist allerdings von älteren Schriftstellern vertreten; vergl. z. B. Zachariä, Deutsches Staats- und Bundesrecht, 3. Aufl. 1865, I, S. 166, 385 f.). Denn da der Osnabrücker Vertrag von Brandenburg ausdrücklich mitunterzeichnet worden ist (cf. Art. XVII §§ 1 u. 12), so hat dieses offenbar auch von sich aus, als selbständiges und heute noch fortbestehendes Gemeinwesen, Schweden die Einhaltung sämtlicher, es irgendwie tangierenden Vertragsartikel versprochen (nur bei dieser Auffassung des Verhältnisses erklärt es sich, wie u. a. in Art. 20 des rein schwedisch-preufsischen Vertrags zu Stockholm vom 21. Jan. 1720 der Westfälische Frieden durch die Kontrahenten nochmals „bestätigt" werden kann) und hat eben deshalb auch jene eventuelle Territorialabmachung seinerseits gleichfalls genehmigt. Die ganze Stipulation hat ja allerdings bei der heutigen Blüte des Hohenzollernstammes zur Zeit äufserst wenig Aussicht auf praktische Realisierung; formell rechtlich ist sie aber (wenigstens so weit das mir bekannte urkundliche Material reicht) niemals aufser Kraft gesetzt worden.

national gültiger Verzicht auf den Anspruch liegt jedenfalls bisher nicht vor, und es besteht auch für Schweden nicht der mindeste Grund, sich vor Ablauf der hundertjährigen Pfandfrist amtlich mit Mecklenburg darüber auseinanderzusetzen, eine bindende Erklärung über seine Absichten ihm gegenüber kundzugeben [1]. In den bis dahin noch übrigen $2^1/_2$ Jahren könnte sich aber doch manches ändern. Es wäre immerhin möglich, dafs innerhalb des schwedischen Volks die bei einem Teil desselben jetzt schon vorhandene Neigung, den Wismarer Anspruch nicht völlig ungenutzt zu lassen, aus irgendwelchen Gründen immer stärker und allgemeiner wird; im Anschlufs hieran würde vielleicht der Reichstag gleichfalls zu einer anderen Beurteilung der Frage gelangen, und so könnte schliefslich auch die schwedische Regierung wider Erwarten sich veranlafst sehen, aus Rücksicht auf die öffentliche Meinung den heutzutage eingenommenen Standpunkt völlig aufzugeben. Man darf es daher gegenwärtig wohl als äufserst unwahrscheinlich, aber keineswegs als gänzlich ausgeschlossen bezeichnen, dafs Schweden sich seinerzeit zur wirklichen Einlösung Wismars bereit erklären wird. Sollte das thatsächlich der Fall sein, so würde selbstverständlich auch der beste Nachweis von der Schädlichkeit des Neuerwerbs gar nichts helfen. Selbst wenn deutscherseits noch so überzeugend dargethan würde, dafs der Besitz der Stadt für Schweden durchaus nutzlos, ja mehr noch direkt gefährlich wäre, und dafs es mithin an jedem vernünftigen Motiv zur Hergabe einer so grofsen Geldsumme völlig mangele, so könnte die andere Partei immer kurzweg erwidern, das sei ausschliefslich ihre Sache;

---

[1] Nach einem Vorschlage, der während der Malmöer Verhandlungen gelegentlich gemacht wurde, sollte dies allerdings anders sein. Es haben nämlich damals die mecklenburgischen Bevollmächtigten unter anderem angeregt, dafs Schweden, falls es 1903 sein Einlösungsrecht praktisch ausüben wolle, das drei Jahre vorher anzuzeigen hätte. In dem officiellen Vertragstext fand jedoch der Antrag keine Berücksichtigung; vielmehr ist nach dem klaren Wortlaut desselben (vergl. Art. 3 u. 1) die Einhaltung irgendwelcher Kündigungsfrist nicht als erforderlich anzusehen.

sie könnte sich strikt auf den, jede tiefere Begründung schroff ablehnenden Standpunkt Shylocks stellen und mit leichter Veränderung der Shakespeareschen Worte[1] einfach erwidern:

> „Ihr fragt, warum ich einen Fetzen Land
> Will lieber haben als Millionen Gold!
> Darauf geb ich keine Antwort.
> So will ich's, sag ich: ist's nicht Antwort gnug?"

II. Nach alledem dürfen wir es keineswegs als überflüssig ansehen, schliefslich auch noch die Frage kurz zu untersuchen, was deutscherseits zu geschehen hat, wenn Schweden 1903 thatsächlich als Prätendent auf Wismar auftritt. Der unbedingte Rechtsfanatiker ist da rasch mit der Antwort fertig; er dekretiert schnell entschlossen: „Wenn der schwedische Anspruch wirklich noch in juristischer Gültigkeit steht, so mufs die Stadt eben einfach herausgegeben werden." Dabei wird nur vollständig ignoriert, dafs summum jus vielmals summa injuria ist, dafs die buchstabengetreue Rechtserfüllung im internationalen Leben sehr oft die Verletzung einer höheren und heiligeren Pflicht gegen das eigene Selbst involvieren kann.

Machen wir uns klar, was von Deutschland gefordert wird. Nachdem es unserem Volk endlich in harter und gefahrvoller Arbeit gelungen ist, von neuem sich zur politisch-nationalen Einheit zusammenzuschliefsen, soll es auf Grund eines noch in der alten Reichsmisère wurzelnden Vertrags gezwungen werden, das glücklich erreichte Werk selbst wieder zu verstümmeln, einer fremden Macht Stücke des deutschen Gesamtkörpers auszuantworten. Schon das würde eine That der Selbstentsagung bedeuten, wie man sie unter den modernen Verhältnissen, bei dem heutzutage so enorm gesteigerten Nationalgefühl nicht leicht von einem Staate erwarten darf.

---

[1] Kaufmann von Venedig, Akt 4, Scene 1.

Indes dieser Gesichtspunkt der nationalen Integrität, so grofs seine faktische Bedeutung sein mag, würde für sich allein ganz gewifs noch nicht ausreichen, um einen formellen Bruch des Malmöer Vertrags sachlich zu rechtfertigen und zu entschuldigen. Man ist neuerdings fast allgemein[1] von einer zeitweise allerdings recht verbreiteten Überspannung des Nationalprincips wieder abgekommen und erkennt jetzt weit überwiegend an, dafs dieses eine Korrektur des positiven Völkerrechts selber in keiner Weise sich anmafsen darf. Sobald daher die auf Grund alter Ansprüche geforderte Gebietsabtretung dem betreffenden Staat nur nicht (sei es nun unmittelbar aktuell oder doch potentiell in ihren Konsequenzen) geradezu eine Selbstvernichtung zumutet, sobald er auch nach erfolgter Cession, zwar an räumlichem Umfang vermindert, aber im übrigen genau so sicher und ungefährdet wie früher fortzubestehen vermag, kann er aus blofs nationalen Rücksichten die Erfüllung seiner Vertragspflicht schlechterdings nicht verweigern, ohne dadurch eine zweifellose und durch nichts gemilderte Rechtsverletzung zu begehen.

Nun verhält sich aber die Sache bei unserem Falle in Wahrheit ganz anders. Die geographische Lage Wismars ist keine derartige, dafs das Reich als Ganzes die Abtretung der Stadt unbeeinträchtigt zu überdauern vermöchte; sie befindet sich nicht in irgend einem der peripheren Grenzterritorien, woselbst die Bedeutung einer etwaigen Cession wenig oder gar nicht über den unmittelbaren Gebiets- und Unterthanenverlust hinausgehen würde, sondern sie ist centralen und für den gesamten Staatskörper überaus wichtigen Teilen benachbart. Dafür in flüchtigsten Umrissen nur ein paar Belege. Nach der Reichshauptstadt Berlin vermag man von Wismar in kaum $3^3/_4$ Eisenbahnstunden zu gelangen, von der bedeutendsten Hafenstadt der preufsischen Monarchie, Stettin, ist die Stadt keine 5, von Ham-

---

[1] Etwa mit Ausnahme der italienischen Jurisprudenz.

burg und Bremen blofs $2^3/_4$ resp. $5^1/_2$ Stunden entfernt. Die dritte Hansestadt, Lübeck, kann bei knapp $1^1/_2$ Eisenbahnstunden Distanz von Wismar aus eigentlich direkt beherrscht werden; mit ihr gerät aber auch der neue Elbe-Trave-Kanal und des weiteren die ganze, für Deutschland so bedeutsame Elblinie in gefährliche Nähe einer ausländischen Besitzung. Nach einer anderen Seite ist wieder der Reichskriegshafen Kiel von der abzutretenden Stadt nur durch eine geringe Entfernung getrennt, so dafs man diesen von ihr aus jederzeit bequem zu bedrohen vermöchte. Dabei ist nicht zu vergessen, dafs unter solchen Umständen der in der Kieler Föhrde ja mündende Nordostseekanal ebenfalls von einer fremdstaatlichen Position unmittelbar flankiert erscheint und so der Hauptwert desselben, die ungehinderte Durchfahrt der deutschen Kriegsflotte aus der Nord- in die Ostsee und umgekehrt, ziemlich illusorisch werden kann. Gleich dieser hochwichtigen Wasserstrafse würden aber fortan auch zu Lande, wie sich schon aus der räumlichen Lage Wismars zu den vorhin genannten Städten von selbst ergiebt, mehrere notwendige Kommunikationslinien immer der Gefahr einer Sperrung ausgesetzt sein; führen doch nicht weniger als drei Hauptbahnverbindungen, nämlich Berlin—Warnemünde, Berlin—Hamburg und Hamburg—Stettin in verhältnismäfsig geringer, beim letztgenannten Fall z. B. blofs 15 Kilometer betragenden Entfernung an der Stadt vorüber. Wahrlich, es ist ein wohlgelegener und trefflich ausgesuchter Stützpunkt, der da dem Auslande auf deutschem Boden eingeräumt werden soll, ein Stützpunkt, den das Reich um seiner eigenen Sicherheit willen gar nicht einer fremden Macht überlassen darf; es wäre geradezu „ein Pfund Fleisch, zunächst dem Herzen", welches hier Schweden in derselben Weise von Deutschland begehren würde, wie es der wiederholt schon erwähnte Shylock dem königlichen Kaufmann Antonio gegenüber thut.

Man wird vielleicht geneigt sein, diese Befürchtungen für übertrieben zu halten. Es liefse sich wohl mit einigem

Schein von Recht behaupten, wirklich begründete Besorgnisse könnten erstens doch nur dann gehegt werden, wenn die Stadt mit starken Fortifikationen versehen würde, was aber nach früheren Ausführungen (vgl. S. 52) Schweden gar nicht gestattet sei; zweitens vermöge aber selbst ein thatsächlich befestigtes Wismar in der Hand des schwachen Staats Schweden dem mächtigen Deutschland niemals im Ernste gefährlich zu werden. Darauf ist folgendes zu erwidern. Gewifs ist es nach dem derzeitigen Rechtszustande ganz richtig, dafs jede Anlage von Festungswerken auf Grund einer gültig noch bestehenden negativen Staatsdienstbarkeit Schweden vorläufig untersagt wäre. Aber als Verbotsberechtigter erschiene nicht etwa das Reich selber, sondern lediglich eine fremde Macht; sobald die letztere auf ihre Befugnis verzichtet, mufs jenes die seinen Interessen so schädliche Befestigung ruhig und widerspruchslos geschehen lassen. Unmöglich kann aber Deutschland die Bedingungen seiner ungefährdeten Existenz und Sicherheit rein von dem guten Willen eines dritten Staats abhängen lassen[1].

Fernerhin, was den zweiten, vorhin geltend gemachten Gesichtspunkt betrifft, so ist wiederum unbedingt zuzugeben, dafs Schweden für sich allein wohl stets einen ungefährlichen Gegner darstellen würde; es kann doch aber unter Umständen sehr gut mit stärkeren Mächten alliiert sein. Und selbst wenn es an einen etwaigen Kampf Deutschlands mit irgend einer Grofsmacht seinerseits gar keinen aktiven Anteil nehmen sollte, so vermöchte Wismar trotzdem für das Reich ernste Verlegenheiten genug heraufzuführen. Denken wir uns z. B., dieses sei mit England in einen kriegerischen

---

[1] Dazu kommt noch, dafs das Reich gerade bei dem (im Malmöer Vertrag nicht ausdrücklich genannten) Inhaber der Servitut durchaus keine übermäfsige Zuneigung für Deutschland voraussetzen darf. Als solcher kommt nämlich Dänemark in Betracht, welchem die fragliche Befugnis 1720 durch den Traktat zu Friedrichsburg (vom 3. Juli) eingeräumt ist (nicht eigentlich durch den Vertrag selbst, wohl aber durch die hinzugefügte „nähere Erklärung der Friedensartikuln". Vergl. Zinck, Ruhe des jetzt lebenden Europa, Teil II, S. 321 u. 332).

Konflikt geraten, so würde letzteres gewiſs alles aufbieten, um in den Besitz eines so günstigen Operationsstützpunktes, wie das wohlbefestigte Wismar einer wäre, zu gelangen. Das könnte es zunächst im Wege der friedlichen Verständigung zu erreichen suchen, dadurch daſs es Schweden irgendwelche bedeutsame Vorteile, etwa finanzieller Art oder dergleichen, in Aussicht stellte. Sollten indes alle lockenden Anerbietungen erfolglos bleiben, so würde es dem Inselreich (dessen Politik sich ja nach bekanntem Muster „nie mit Kleinigkeiten abgegeben hat") eventuell auch nicht auf einen direkten Völkerrechtsbruch ankommen. Wir brauchen in dieser Beziehung nach Beispielen und Belegen gar nicht so sehr in die Ferne zu schweifen, denn das Schlechte liegt hier so nah: schon die Umgebung von Wismar, das Ostseebecken selbst vermag davon zu erzählen, wie sorgsam England die Neutralität schwächerer Staaten zu achten weiſs. Noch im Monat August des Jahres 1807 war es, daſs eine britische Flotte mit Landungstruppen an Bord ungehindert und von dem üblichen Kanonensalut begrüſst die Befestigungen des Sunds passierte. Kurze Zeit darauf stellte das nur mit Napoleon im Kampf begriffene England an das neutrale Dänemark Forderungen, die dieses im Interesse seiner nationalen Würde und Selbständigkeit schlechterdings nicht bewilligen konnte; als sie demgemäſs entschieden zurückgewiesen wurden, bombardierte der zur Hilfe gerufene britische Admiral sofort drei Tage lang, mitten im Frieden, ohne jede Kriegserklärung, die Stadt Kopenhagen, zwang sie, nachdem ein groſser Teil derselben in Brand geschossen war, zur Ergebung und führte die gesamte dänische Flotte als wertvollen Raub[1] mit sich fort.

---

[1] Von dem, am 7. September abgeschlossenen Kapitulationsvertrag wird freilich diese, etwas unschön klingende Bezeichnung sorgfältig vermieden, indem in Art. 3 desselben nur von einer Übernahme „en dépôt" die Rede ist (cf. Martens, Recueil VIII S. 693). Die zartfühlende Umschreibung sollte wahrscheinlich schon der Anfang von allen den freundschaftlichen Maſsnahmen sein, die englischerseits in Art. 7 zu dem Zweck in Aussicht gestellt werden, „pour produire l'union et la bonne intelligence entre les deux nations"!

Mit Recht hat diese empörende Vergewaltigung einer kleinen Nation durch eine grofse damals die allgemeinste Verurteilung erfahren [1]; es wäre aber gewifs äufserst sanguinisch, wollte man deshalb eine einfache Wiederholung derselben heutzutage als ganz ausgeschlossen betrachten. Angesichts des offenkundig vorliegenden Präcedenzfalles ist es sicherlich Deutschland nicht zu verargen, wenn es zum wenigsten mit der Möglichkeit eines ähnlichen Vorkommnisses rechnet, wenn es u. a. auch die Eventualität ins Auge fafst, dafs nach erfolgter Cession Wismars an Schweden die Stadt später leicht einmal durch einen abermaligen Friedens- und Neutralitätsbruch von England überrumpelt und zur Operationsbasis für kriegerische Unternehmungen gegen das Reich selber gemacht werden könnte.

Wie unbequem dieselbe gerade in der Hand des seeüberlegenen Grofsbritannien werden müfste, das bedarf wohl nach den früher gegebenen Andeutungen kaum einer weiteren Ausführung. Man kann ruhig sagen, dafs unter den angenommenen Umständen der Nordostseekanal sofort allen und jeden militärischen Wert verlieren würde, dafs England, auf das feste Wismar gestützt, die gesamte Ostsee beliebig zu beherrschen vermöchte, dafs von unseren für die überseeische Verpflegung und Zufuhr einfach unentbehrlichen Häfen Stettin, Lübeck, Rostock, Stralsund u. s. w. so gut wie vollständig aufser Funktion gesetzt wären, dafs selbst in der Nordsee Hamburg und Bremen, d. h. gerade die beiden allerwichtigsten, an Wert bedeutend verlieren müfsten, da sie alsdann, abgesehen von der eo ipso gegebenen Gefähr-

---

[1] Als „un acte de violence dont l'histoire si fertile en exemples, n'en offre pas un seul de pareil" wurde sie z. B. in der bald darauf erfolgenden Kriegserklärung Rufslands gegen Grofsbritannien bezeichnet (Martens a. a. O. S. 707). Wie leicht begreiflich, ist gerade in diesem Punkte die englische Gegenerklärung äufserst lahm. Das einzig greifbare, was man aus den gewundenen Redensarten entnehmen kann, ist, dafs die „urgence des circonstances" das Vorgehen gegen Dänemark im Interesse der eigenen Sicherheit unbedingt notwendig und folglich auch entschuldbar gemacht habe. Das war aber eben unter den gegebenen Verhältnissen ganz sicher nicht der Fall.

dung vom Meer aus, auch zu Lande in ihren rückwärtigen Verbindungen bedroht wären und folglich ihrer Aufgabe, Deutschland mit allem Notwendigen zu versorgen, mindestens für den Osten nur noch unter wesentlich erhöhten Schwierigkeiten genügen könnten. Dabei hat man wohl zu beachten, daſs der Gegner, sobald er sich einmal in den Besitz Wismars gesetzt hat, sicherlich nur mit den gröſsten Opfern, vielleicht sogar überhaupt nicht mehr wieder daraus zu verdrängen sein wird. Was die ihrer ganzen Lage wegen unschwer zu verteidigende Stadt als Festung zu leisten vermag, das hat sie in dem groſsen nordischen Krieg bewiesen. Denn wiewohl Schweden damals gleichzeitig im Kampfe mit Ruſsland, Dänemark, Polen, Preuſsen und England - Hannover lag, ist doch die Eroberung Wismars nur unter den gröſsten Schwierigkeiten gelungen: zuletzt von sämtlichen deutsch-schwedischen Besitzungen, noch später als das von Karl XII. persönlich verteidigte Stralsund ist die Stadt (und zwar lediglich infolge von Aushungerung!) in Feindeshand gefallen[1].

Ähnlich schlimme Wirkungen wie eine englische Besetzung Wismars würde es für Deutschland haben, falls der Platz in Kriegszeiten von einer anderen starken Groſsmacht[2] okkupiert werden sollte; jedem kräftigen Feinde gegenüber könnte das Reich einmal sehr zu seinem Schaden erfahren, welch ungeschützte und leicht verwundbare Stelle am Staatskörper durch einen Übergang Wismars auf Schweden notwendig entstehen muſs[3]. Eben hierin aber, viel mehr wie

---

[1] Vergl. Weber, Allgemeine Weltgeschichte, XII, S. 809/10.
[2] Übrigens ist nach Lage der Dinge auch die Möglichkeit eines gemeinsamen Angriffes mehrerer Mächte im Auge zu behalten. Besonders bedenklich erschiene ein solcher dann, wenn es sich um die Koalition einer bedeutenden Land- und Seemacht handelte.
[3] Diesen Konsequenzen wäre allerdings dadurch ausreichend vorzubeugen, daſs in beiderseitigem Einverständnis die Stadt auch nach erfolgter Cession als integrierender Bestandteil innerhalb des deutschen Bundesgebiets belassen würde. Indes, wenn diese Lösung des Problems auf der einen Seite wirklich den Vorteil mit sich brächte, daſs das Reich jetzt von sich aus alle notwendigen Sicherungsmaſsregeln gegen eine

in den rein nationalen Verhältnissen, ist das Moment enthalten, welches eine offene Lossagung von dem Malmöer Vertrag entschuldigen, ja materiell geradezu rechtfertigen kann. Schon das natürliche Empfinden spricht dafür, dafs der Satz Pacta sunt servanda im internationalen Leben nicht schlechthin ausnahmslose Geltung beanspruchen darf. Kein Traktat der Welt vermag wirksam zu verlangen, dafs der Staat selbst sich einen Pfahl ins eigene Fleisch stöfst, selber dem socialen Organismus eine offene Wunde zufügt, die unter Umständen seine ganze Existenz in Frage stellen könnte. Überall, wo derartiges zutrifft, da liegt wirklich einer der Fälle vor, wie sie Bismarck im Auge hatte, als er in seiner gewaltigen Rede vom 6. Februar 1888 die Worte sprach: „Keine Grofsmacht kann im Widerspruch mit den Interessen des eigenen Volks an dem Wortlaute irgend eines Vertrages kleben; sie ist schliefslich genötigt, ganz offen zu erklären, ich kann das nicht mehr, und mufs das vor

---

fremdstaatliche Festsetzung in Wismar zu treffen vermöchte, so stehen ihr andererseits, wie wir früher schon (cf. S. 50 Anm. 1) gesehen haben, auch wieder solch schwerwiegende Bedenken entgegen, dafs Deutschland sie schliefslich ebensowenig wie eine vollständige Abtrennung acceptieren darf. Eine allenfalls annehmbare Form der Cession müfste es unbedingt verstehen, die Vorzüge des Verbleibens im Reichsgebiet ohne die gleichzeitig ihm anhaftenden Nachteile zu erreichen. Zu diesem Zwecke wäre etwa zu fordern, dafs in Wismar eine streng einheimische Regierung niedergesetzt würde, die zwar formell im Namen Schwedens zu fungieren, materiell aber von letzterem ganz unabhängig zu sein hätte, eine Regierung, die sich nicht nach irgendwelchen Weisungen aus Stockholm zu richten brauchte, sondern durchaus selbständig mit dem Reich verkehren und alle mitgliedschaftlichen Rechte innerhalb desselben ausüben könnte: kurz es würde principiell ein ähnliches Verhältnis anzustreben sein, wie es von 1815 bis 1848 zwischen dem Schweizer Bund und dem als preufsisches Nebenland anerkannten Kanton Neuenburg bestand (cf. Orelli, Staatsrecht der schweizerischen Eidgenossenschaft, im Handbuch des öffentl. Rechts IV, I, 2, S. 20; Hermann Schulze, Neuenburg [Berlin 1857] S. 19, 23). Da aber bei einer derartigen Regulierung, wie gerade der genannte Fall wohl zur Genüge erwiesen hat, dem nominellen Oberherrn fast nur noch Lasten und Unannehmlichkeiten ohne wesentliche Rechte übrig bleiben, so ist kaum anzunehmen, dafs Schweden seinerseits sich damit einverstanden erklären wird.

ihrem Volke und vor dem Vertrag schliefsenden Teile nach Möglichkeit rechtfertigen[1]."

III. Die ausschlaggebende Bedeutung, die dem zuletzt geltend gemachten Moment hier beigemessen wird, macht es zur Notwendigkeit, bei dem Gegenstand noch etwas länger zu verweilen. Dafs unbedingte Vertragstreue dort, wo sie geradezu mit der Pflicht der staatlichen Selbsterhaltung kollidiert, nicht verlangt werden darf, ist bisher mehr instinktiv, nach Mafsgabe des natürlichen Gefühls angenommen und behauptet worden; es gilt jetzt, letzteres auch tiefer wissenschaftlich zu erfassen und zu begründen. Ausführungen der Art würden nur dann entbehrlich sein, wenn wir in der Lage wären, uns auf bereits feststehende und allgemein anerkannte Principien zu berufen. An solchen mangelt es jedoch zur Zeit noch vollständig. Wohl hat man schon längst die Beobachtung gemacht, dafs mit der völlig unbeschränkten Geltung des Satzes Pacta sunt servanda schlechterdings nicht auszukommen ist, und immer von neuem ist man auch bemüht gewesen, seine Wirksamkeit in geeigneter Weise einzuengen und zu begrenzen; der Weg aber, der zu diesem Zwecke gewöhnlich eingeschlagen wurde, ist als ein durchaus verfehlter zu bezeichnen.

Fast stets suchte man nämlich die erforderliche Korrektur wieder mit Hilfe eines specifischen Rechtssatzes, der sogenannten clausula rebus sic stantibus zu gewinnen. Man erklärt es ohne weiteres für eine inhärente Eigentümlichkeit des Völkerrechts, dafs Staatenverträge, auch wo sie unbedingt und unbefristet eingegangen sind, doch wegen der besonderen Beschaffenheit der sie abschliefsenden Subjekte ihre Gültigkeit unter gewissen Umständen verlieren müssen; es soll eine juristische Hinfälligkeit derselben angeblich dadurch herbeigeführt werden können, dafs in der Zwischen-

---

[1] Cf. Stenographische Berichte über die Reichstagsverhandl., 7. Legislaturper., II. Session 1887/88, S. 730.

zeit zwischen ihrem Abschlufs und ihrer Ausführung eine wesentliche (essentielle, vollständige, fundamentale oder wie man sich sonst noch ausdrücken mag) Veränderung der Sachlage vor sich gegangen ist, namentlich nach der Richtung, dafs auf seiten des Verpflichteten ganz neue Momente hervorgetreten sind, die jetzt die Erfüllung der übernommenen Verbindlichkeit im Interesse der Selbsterhaltung unmöglich erscheinen lassen, während dies von Haus aus, bei den damals gegebenen Verhältnissen nicht der Fall war.

Ohne nun an dieser Stelle in eine ausführliche Bekämpfung der ganzen Auffassung einzutreten[1], will ich blofs kurz hervorheben, dafs gegen sie vor allem zweierlei einzuwenden ist. Erstens ist es de lege lata, wie man im innerstaatlichen Recht sagen würde, durchaus nicht nachweisbar, dafs eine derartige Einengung des juristischen Geltungsbereichs der Regel Pacta sunt servanda in der für die Entstehung positiver Völkerrechtssätze allein möglichen Weise wirklich stattgefunden hat; vielmehr tritt hier an einem einzelnen Punkte wieder die im internationalen Recht so häufige Erscheinung hervor, dafs etwas nur theoretisch in den völkerrechtlichen Lehrsystemen und nicht zugleich in der lebendigen Staatspraxis existiert. Zweitens wäre es aber auch de lege ferenda ganz falsch, die positiv-rechtliche Schaffung einer entsprechenden Norm zu verlangen, und zwar deshalb, weil dieselbe unendlich mehr Schaden wie Vorteil bringen müfste. Denn so gewifs es auf der einen Seite ist, dafs hierdurch der beklagte Mifsstand einer allzuweiten Erstreckung der internationalen Vertragsverbindlichkeit aus dem Fundamente beseitigt wird, ebenso fest steht es auch, dafs diese Mafsregel nach der entgegengesetzten Seite ein noch viel schlimmeres Übel zur Folge hat, nämlich dies, dafs wegen der beliebigen Dehnbarkeit der mit juristischer Wirkung ausgestatteten clausula rebus sic stantibus prak-

---

[1] Vergl. hierzu das in der Vorrede Bemerkte.

tisch eigentlich die ganze Regel Pacta sunt servanda aufgehoben und illusorisch gemacht wird.

Aus diesen Gründen, die freilich in der vorliegenden Arbeit in keiner Weise überzeugend dargethan, sondern nur flüchtig angedeutet werden können, muſs man wohl oder übel darauf verzichten, mit specifisch rechtlichen Mitteln und Wegen die notwendige Abhilfe zu gewinnen; im Gegenteil hat man rückhaltlos anzuerkennen, daſs jede einseitige Lossagung vom Vertrag (auſser es wäre etwa die Befugnis dazu ausdrücklich vorbehalten) stets und unter allen Umständen eine formelle Rechtswidrigkeit involviert. Dagegen gelangt man sofort zu einem besseren und befriedigerenden Resultate, wenn man von der rein rechtlichen Betrachtungsweise völlig abstrahiert und sich principiell auf einen anderen, gewissermaſsen präjuristischen Standpunkt stellt.

Das, was in den verschiedenen Formulierungen der clausula rebus sic stantibus mehr oder weniger klar zum Ausdruck kommt, das ist, genau genommen, gar keine besondere Eigentümlichkeit bloſs der internationalen Ordnung, sondern wiederholt sich übereinstimmend auch in allen übrigen Rechtssystemen: es ist der begrifflich gegebene und deshalb schlechthin unvermeidliche Konflikt zwischen der formellen Struktur und der materiellen Zweckbestimmung des Rechts. Allerdings tritt er aber gerade bei der internationalen Ordnung mit besonderer Deutlichkeit hervor, und es läſst sich hier auch wegen der einfacheren Bauart der letzteren die notwendige Lösung des Zwiespalts leichter veranschaulichen und demonstrieren.

Im Gegensatz zu dem innerstaatlichen Recht sind es beim internationalen bekanntlich die beteiligten Subjekte selbst, welche die für sie maſsgebenden objektiven Verhaltensnormen von sich aus erst schaffen; nicht ein über ihnen waltender einheitlicher Socialwille, sondern die einzelnen Staaten als solche haben das gesamte Völkerrecht und in ihm namentlich auch den Satz Pacta sunt servanda zur Entstehung gebracht. Wenn sie sich aber individuell-frei zu diesem Entschluſs bestimmten, so war das hauptsächlichste, um nicht zu sagen einzige Motiv dafür dies, ihre eigenen egoistischen Interessen möglichst zu fördern; sie thaten es, weil sie erkannten, daſs der für sie alle so nutzbringende Wechselverkehr nur bei gegenseitiger Vertragstreue überhaupt aufrecht zu erhalten ist und also mit derselben im Grunde nur ihrem eigenen Vorteil am besten gedient wird. Hieraus ergiebt sich, daſs jene Norm nur als Mittel zum Zweck und nicht etwa als reiner Selbstzweck gewollt war; sie wurde generell eingeführt, weil sie im letzten Einsatz vermeintlich überall nur zum Wohl der Einzelstaaten selber ausschlagen konnte.

Bei dieser Argumentation war nun aber ein sehr wesentlicher Punkt völlig auſser Acht gelassen. Der besteht darin, daſs zwar in der weitaus überwiegenden Zahl der Fälle, aber doch nicht schlechthin und ausnahmslos internationale Vertragstreue im eigenen Interesse der beteiligten Parteien liegt. Gewiſs ist es richtig, daſs im Grunde jeder seine völkerrechtlichen Verbindlichkeiten sorgsam erfüllende Staat selbst den gröſsten Nutzen davon hat. Es wäre eine sehr kurzsichtige und oberflächliche Auffassung, wollte man sagen, daſs jeder Vertragsbruch dem Verpflichteten die Aufopferung irgend eines Gutes erspart und also eo ipso für ihn bloſs vorteilhaft sein kann. Nur wenn man beide Seiten des völkerrechtlichen Soll und Haben in Betracht zieht, vermag man zu vollständiger Klarheit zu gelangen; man erkennt dann, daſs der geringe Gewinn auf der einen Seite schlieſslich auf der anderen notwendig einen viel gröſseren Verlust herbeiführen muſs, das ist die gänzliche Einbusse des internationalen Kredits.

Bei alledem aber, so schwerwiegend und bedeutungsvoll man das letztere Moment auch überall anschlagen mag, immerhin sind Fälle denkbar, bei denen selbst diese Gefahr gering erscheint im Vergleich mit dem Interesse, dessen Aufopferung strikte Vertragstreue erheischen würde. Es ist recht wohl möglich, daſs ein Staat irgend etwas versprochen hat, was er nach der damaligen Lage der Dinge ganz unbedenklich und gefahrlos versprechen durfte, dessen Ausführung ihn aber jetzt, nach mittlerweile eingetretener Veränderung des Sachverhalts, geradezu an den Rand des Verderbens bringen müfste. Hier kann von Vertragserfüllung absolut nicht mehr die Rede sein; dem Interesse der Selbsterhaltung gegenüber hat jedes andere zu schweigen.

Diese und ähnliche Fälle nun sind es, die bei der abstrakten Regulierung des internationalen Vertragsrechts keine Berücksichtigung gefunden haben, und für welche das letztere demgemäfs eine sachlich befriedigende Lösung nicht zu bieten vermag. Wie die Dinge liegen, mufsten die Staaten den Satz Pacta sunt servanda, wenn sie überhaupt eine feste und präcise, nicht vag unbestimmte, sondern praktisch brauchbare Verkehrsregel schaffen wollten, schlechthin und generell unter sich einführen und haben das auch thatsächlich gethan. Gerade deshalb steht aber jetzt notwendig jeder einseitige Rücktritt vom Vertrag, die Verhältnisse mögen im übrigen gelagert sein wie sie wollen, stets in offenem Widerspruch zu einer positiv gültigen Rechtsnorm, oder, was dasselbe ist, rein juristisch dürfen auch Fälle, wie die vorhin geschilderten, nie anders als der frivolste Vertragsbruch beurteilt und qualificiert werden. Nichtsdestoweniger liegt die Sache bei ihnen so, dafs der **ausgesprochene** und deutlich **erklärte** Wille der rechtsetzenden Subjekte in concreto nicht mehr dem **wahren und eigentlichen** Willen derselben entspricht, denn es ist schlechterdings nicht anzunehmen, dafs die Staaten jene Norm auch auf derartige Vorkommnisse zu erstrecken gedachten. Die formelle Rechtswidrigkeit bleibt davon vor wie nach ganz unberührt, aber materiell findet hier die Nichterfüllung des Vertrags darin ihre Rechtfertigung, dafs die Staaten etwas, was sie notorisch nur zur Interessenförderung geschaffen haben, unmöglich so verstanden und gemeint haben können, dafs daraus unter Umständen sogar die eigene Selbstvernichtung und damit die **Aufhebung** alles und jedes Interesses überhaupt zu resultieren vermöchte. —

IV. Nach diesen Darlegungen allgemeinerer Art kehren wir nunmehr wieder zur Behandlung unseres Wismarer Specialfalles zurück. Gemäfs dem vorstehend Ausgeführten haben zwei Dinge zusammenzutreffen, wenn der einseitige Rücktritt vom Vertrag sachlich begründet und entschuldbar erscheinen soll: einmal ist notwendig, dafs die Erfüllung desselben für den betreffenden Staat eine **Gefährdung** seiner gesicherten Existenzbedingungen mit sich bringt, dann aber auch, dafs diese Sachlage durch eine irgendwie geartete **Veränderung** früherer Zustände herbeigeführt wurde. Von diesen beiden Momenten ist über das erstgenannte alles Nötige bereits in Absatz II gesagt worden; hingegen das letztere hat bisher, wenigstens expressis verbis, eine Erörterung nicht gefunden, so dafs jetzt, am Schlusse der ganzen Arbeit, noch ein kurzes Eingehen auf dasselbe erforderlich ist[1].

Abgesehen von verschiedenen Umgestaltungen sachlicher Natur, die wir hier übergehen dürfen, besteht die allerwichtigste Veränderung in einer eigentümlichen Personalkomplikation, die auf der Schuldnerseite mittlerweile eingetreten ist: während Schweden es von Haus aus nur mit Mecklenburg als Verpflichtetem zu thun hatte, ist jetzt letzteres Mitglied eines von jenem anerkannten Bundesstaats geworden, dergestalt, dafs zwar die eigentliche Cessionsverbindlichkeit noch immer auf dem Grofsherzogtum ruht, daneben aber auch die Zustimmung des Reichs

---

[1] Übrigens sei schon an dieser Stelle hervorgehoben, dafs bei gründlicherer Untersuchung weder das erste noch das zweite Moment als wahrhaft unerläfsliche Vorbedingung, als condicio sine qua non für einseitige Vertragsaufhebung festgehalten werden kann. Wie so manches andere, mufs auch diese Frage einstweilen auf sich beruhen bleiben und darf es, da gerade in dem vorliegenden Specialfalle beide Punkte thatsächlich vorhanden und nachweisbar sind.

zu einer eventuellen Abtretung Wismars eingeholt werden mufs. Dadurch ist nun allerdings für Schweden eine wirkliche Verschlechterung seiner juristischen Stellung nicht herbeigeführt worden, da ja rechtlich auch die Bundesgewalt zur Erteilung dieser ihrer Genehmigung verpflichtet ist[1]; wohl aber ist seine Lage faktisch ungünstiger geworden.

Für den ursprünglichen Schuldner bedeutete nämlich die Zugehörigkeit Wismars zu seinem Territorium offenbar in keiner Weise irgendwelche Lebensfrage; wie er vor dem Erwerb der Stadt hatte bestehen können, hätte er auch nach einer etwaigen Retrocession, nicht besser, aber auch nicht schlechter, als einer von den vielen deutschen Kleinstaaten fortzuexistieren vermocht. Der beste Schutz derselben bestand ja (abgesehen von der gegenseitigen Eifersucht der Grofsmächte) im Grunde eben nur in ihrer eigenen Schwäche und Bedeutungslosigkeit: sie waren niemandem im Wege, störten durch ihr beschauliches Stillleben in keiner Weise die politischen Zirkel der übrigen Mächte, dachten nicht im entferntesten daran, an den Welthändeln aktiven Anteil zu nehmen und sich so durch störende Konkurrenz bei den anderen mifsliebig zu machen[2]; für alles dieses gönnte man ihnen ein gewisses nachsichtiges Wohlwollen und hatte gegen die Existenz solch bequemer

---

[1] Vergl. S. 20 ff.
[2] Ich möchte hier an eine Stelle aus der berühmten, boshaft-satirischen Leichenrede erinnern, die Josef Görres am 7. Januar 1798, damals freilich noch etwas verfrüht, dem alten Reiche gehalten hat. Nachdem dort zunächst die Anzeige gemacht ist, dafs dasselbe „zu Regensburg in dem blühenden Alter von 954 Jahren 5 Monaten 28 Tagen sanft und selig an gänzlicher Entkräftung und hinzugekommenem Schlagflusse" sein Lebensende fand, wird in rührender Klage fortgefahren: „Ach Gott! Warum mufstest du denn deinen Zorn zuerst über dies gutmütige Geschöpf ausgiefsen; es graste ja so harmlos und so genügsam auf den Weiden seiner Väter, liefs sich so schafmäfsig, zehnmal im Jahre, die Wolle abscheeren, aber immer so sanft, so geduldig, wie jenes verachtete langöhrige Lasttier des Menschen" u. s. w. u. s. w. Diese, leider nur allzu treue Schilderung von der rein passiven Rolle, die Deutschland gegen Ausgang des alten Reichs spielte, hat sich auch für die Folgezeit noch viel zutreffendes bewahrt.

und anspruchsloser Nachbarn nicht gerade viel einzuwenden[1]. Ohne diese, freilich etwas eigentümliche Garantie hätte es wahrlich schlecht ausgesehen um die staatliche Behauptungsfähigkeit der kleinen und kleinsten deutschen Vaterländer, denn sich selber genügend zu schützen, das hätten sie ja nie und unter keinen Umständen vermocht[2]. Aus diesem Grunde wäre es auch blofs eine sinnlose Phrase gewesen, wenn z. B. die Mecklenburger die Herausgabe Wismars mit der Motivierung hätten verweigern wollen, die Stadt sei ihnen im Interesse ihrer Landesverteidigung unentbehrlich: ob mit oder ohne Wismar, das kam dabei eben so ziemlich auf eins heraus.

Gerade hier aber zeigt sich wieder einmal die Wahrheit des alten Worts: „Si duo faciunt idem, non est idem"; was im Munde eines deutschen Kleinstaats einfach lächerlich geklungen hätte, das hat seinen guten Sinn und seine tiefe Berechtigung in Anwendung auf das Deutsche Reich. Nur in sich selbst und seinen eigenen Machtmitteln findet jetzt dieses, wie überhaupt jeder grofse und selbstbewufste Staat, die einzige Gewähr seines Bestandes[3] und darf sie

[1] Den besten, geradezu klassischen Ausdruck für das ganze Verhältnis hat einmal ein Präsident der nordamerikanischen Union gefunden, damals als er mit echt angelsächsischer Urbanität das Diktum hinwarf: „Die Hansestädte sind Hühner, die das Pferd der Vereinigten Staaten nur aus Mitleid nicht zertritt" (cf. Treitschke, Deutsche Geschichte im 19. Jahrhundert, 4. Aufl., Bd. III, S. 578).

[2] Allerdings standen sie auch damals schon nicht völlig isoliert neben einander, sondern waren bereits durch eine gewisse Gemeinschaftsorganisation geeint. Das konnte aber gleichfalls wenig helfen, insofern als der Deutsche Bund bei der Kläglichkeit seiner Militärverhältnisse (man braucht blofs an die 1866er Leistungen des 8. Armeecorps mit dem Prinzen „Durcheinander" an der Spitze zu denken) zur ausreichenden Sicherung des Gesamtgebiets notorisch ebensowenig fähig war wie die einzelnen Staaten je für sich. Wenn trotzdem zur Zeit desselben Deutschland keinen Angriff von aufsen her erfahren hat, so ist das jedenfalls auf ganz andere Gründe wie ängstlichen Respekt vor den specifischen Machtmitteln des Bundes zurückzuführen.

[3] Dafs diese Veränderung, mit dem früheren Zustand verglichen, auch manche Unannehmlichkeiten notwendig im Gefolge hatte, dafs nach einem bekannten Ausspruche „die Existenz auf der Basis der Spartaner" vielfach drückender (namentlich finanziell kostspieliger!) sein mufste wie die „auf der Basis der Phäaken", das ist eine Wahrheit, die bekanntlich noch heutigentags viele Deutsche gar nicht recht einsehen wollen.

auch blofs in ihnen erblicken. Das ist ja oft genug und mit gutem Grunde betont worden, dafs die Thatsache der Reichsgründung als solche mit all ihren Konsequenzen des industriellen, kommerziellen, maritimen Aufschwungs durchaus nicht geeignet war, bei den fremden Staaten das Gefühl der liebevollen Zuneigung hervorzurufen oder zu stärken. Das direkte Gegenteil davon mufste eintreten. Schon im intern-staatlichen, rein individuell-menschlichen Verkehr pflegt man es ja im allgemeinen nicht gerade mit überwältigender Freude zu begrüfsen, dafs jemand, den man bisher als quantité négligeable angesehen hat, plötzlich in den Kreis der ernsthaften und gefährlichen Konkurrenten einzutreten wagt. Und wenn hier Regungen rein uneigennützigen Wohlwollens immerhin noch möglich sind und glücklicherweise auch wirklich oft genug vorkommen, so ist derartiges doch principiell ausgeschlossen im internationalen Leben, wo nichts als nackte Selbstsucht regiert und, wie wiederholt schon hervorgehoben wurde, nach Lage der Dinge auch nur regieren kann. So darf man es sich auch in Deutschland nicht verhehlen, dafs trotz aller gegenteiligen wohllautenden Versicherungen die fremden Mächte gegen eine kleine Rückwärtsrevision unserer politischen Zustände herzlich wenig einzuwenden hätten, zum mindesten ohne allzuherben Seelenschmerz sich mit ihr abfinden würden[1]. Das ist ein politisches Faktum, mit dem das Reich einfach zu rechnen, das es einfach als solches hinzunehmen hat. Seine Sache dagegen ist es, alle nötigen Konsequenzen zu ziehen, die sämtlichen Mafsregeln zu treffen, die es verhüten können, dafs daraus für Deutschland irgendwelche Gefahr erwachsen mag.

Nun gehört aber — und damit lenken wir wieder in den früheren Gedankengang ein — zu diesen unerläfslichen

---

[1] Deshalb braucht durchaus nicht geleugnet zu werden, dafs einzelne vielleicht aufrichtig die dauernde Erhaltung des Reichs wünschen. Diese thun es aber dann sicher nur im eigenen Interesse, weil sie hoffen, dasselbe sich und ihren Zwecken irgendwie dienstbar machen zu können.

Geboten der Vorsicht zweifellos auch dies, dafs jede bedrohliche Festsetzung fremder Mächte auf deutschem Boden von vornherein verhindert werden mufs. Überall wo alte vergilbte Verträge die Abtretung von Bundesgebiet fordern, da hat das Reich zuvörderst sorgfältig zu prüfen, ob die Cession auch ohne wesentlichen Schaden für seine gesicherten Existenzbedingungen vorgenommen werden kann. Trifft diese erste Voraussetzung, wie beispielsweise für Wismar wirklich dargethan worden ist, nicht zu, so darf man unter den heutigen Verhältnissen Deutschland auch schlechterdings nicht zumuten, selbst dem Ausland eine bequeme Einbruchspforte in sein ganzes politisches Gefüge zu eröffnen; vielmehr erscheint es alsdann durchaus befugt, sich einseitig über den Vertrag hinwegzusetzen, nicht zwar nach dem formellen Buchstaben des Völkerrechts, wohl aber nach dem organischen Urgesetz der Selbsterhaltung, welches die Welt der socialen Lebewesen nicht weniger mafsgebend wie die der physischen beherrscht.

Gerade in Deutschland war man freilich von jeher am wenigsten dazu geneigt, dem Staate nach dieser Richtung hin Koncessionen zu machen, hielt vielmehr weit überwiegend daran fest, dafs er sämtliche Normen der internationalen Ordnung, namentlich auch die Regel Pacta sunt servanda strikt und ausnahmslos zu befolgen habe. Ein derartig starkes Rechtsgefühl ist ja an sich und von Haus aus gewifs ein grofser Vorzug, aber es kann doch auch unter Umständen gar leicht in das Gegenteil umschlagen. Andere Völker sind darin entschieden nicht so bedenklich, sondern bekennen sich in Fällen, an denen ihr eigener Staat beteiligt ist, gern und ohne viel Besinnen zu dem Princip: Right or wrong, my country! Und in solchem Verhalten braucht durchaus nicht immer blofs nationaler Egoismus, der übrigens bis zu einem gewissen Grade auch nur ein ganz gesundes Gefühl ist, zum Ausdruck zu kommen; nein, es kann dasselbe in concreto auch sehr wohl eine richtigere Erkenntnis von dem gegenseitigen Verhältnis zwischen Staat

und Recht in sich schliefsen, die Einsicht, dafs dieses für
jenen stets blofs Mittel zum Zweck ist und folglich vor
seinen höchsten Lebensinteressen unbedingt Halt zu machen
hat. Im Gegensatz hierzu hat der Deutsche vielfach es
vorgezogen, nach formell-juristischen Gesichtspunkten selbst
solche Aktionen seines Staates scharf zu kritisieren und zu
verurteilen, die im Interesse der politischen Selbsterhaltung
einfach notwendig und geboten waren. Als z. B. König
Friedrich II. von Preufsen 1772 bei der ersten Teilung
Polens die für die Verbindung seiner zerstreut liegenden
Gebiete direkt unentbehrlichen Territorien sich aneignete,
da ertönten beinahe die beweglichsten Klagen über die
rechtswidrige Beraubung des verlotterten Polenreichs aus
deutschen Landen, mehr noch fast wie aus den Weststaaten
England und Frankreich, wo an sich in dieser Beziehung
auch recht Anerkennenswertes geleistet worden ist. Zum
Glück war der alte Fritz nicht der Mann danach, sich
durch solche Bedenken irgendwie stören zu lassen; er über-
liefs die in- und ausländischen Kritiker ihrer schönen sittlichen Entrüstung, die ja, nebenbei gesagt, beispielsweise
englischen Staatsmännern so überaus reizend ansteht; im
übrigen vollendete er unbeirrt das, was er zum Wohle seines
Staates mit Recht für unerläfslich hielt. Dafür aber, für
diese klare Erkenntnis, dafs der Staat um seiner selbst und
seiner Unterthanen willen manchmal geradezu gezwungen
sein kann, sich über das formelle Recht hinwegzusetzen,
dafür ist noch heute dem grofsen König nicht nur das
preufsische, sondern das gesamte deutsche Volk, dem er ja
durch sein Verhalten gleichfalls eine brauchbare Ostgrenze
für den späteren Nationalstaat gesichert hat, den höchsten
Dank schuldig. Was aber zur Vorbereitung und im Interesse des künftig erst zu schaffenden Reichs zulässig, ja geboten war, das mufs es natürlich zur Erhaltung des bereits
bestehenden nicht weniger sein. Es erscheint daher auch
nur als konsequente Fortsetzung der realpolitischen Denk-
und Handlungsweise Friedrichs, wenn der Begründer dieses

Nationalstaats, unser grofser eiserner Kanzler, mit Bezug auf Wismar wiederholt (1892 und 1895) und ohne sich viel auf Erörterung der Rechtsfrage einzulassen, seine Überzeugung dahin formuliert hat, dafs die Stadt nie wieder an Schweden herausgegeben werden könne. Hierin aber wird ihm — das darf man heutzutage wohl zuversichtlich hoffen — jetzt auch das ganze, inzwischen politisch doch schon besser geschulte Volk beistimmen; sollte Schweden 1903 wider alles Erwarten dennoch seine alten Ansprüche praktisch geltend zu machen suchen, so wird die einmütige Antwort der Nation sicherlich die sein: „Wismar ist jetzt ein integrierendes Glied des deutschen Gesamtkörpers, und deutsch mufs es für jetzt und in alle Zukunft auch bleiben."

Printed by Libri Plureos GmbH
in Hamburg, Germany